FREKJA

PHARO

Martin Bolze:
Rendezvous mit meinem Ich

Biografie

FREKJA

www.frekja.de

Erste Auflage

Autor: Martin Bolze und Christoph Straßer
Satz: Ralf Berszuck
Foto Cover: Wynn Photodesign, Freya Mertens Boese
Foto Rückseite: Conny Kriener
Umschlagsgestaltung: Agentur Herztrumpf, A. Bister
Druck: MedienHaus Plump GmbH

Print-ISBN: 978-3-939994-64-0
Ebook-ISBN: 978-3-939994-65-7

Weitere Informationen zu
PHARO Martin Bolze
Rendezvous mit meinem Ich
finden Sie unter
www.frekja.de
oder in unserem Shop unter
www.eyfalia.de

Rendezvous mit meinem Ich – Die Autobiografie

Verdammt noch mal!

Das war das Einzige, was ich in diesem Moment dachte. Ich warf Dieter Bohlen noch einen raschen Seitenblick zu und ging von der Bühne. Im hinteren Bereich wartete bereits die Aufnahmeleiterin, die mich in Empfang nahm. Sie lächelte mir freundlich zu und legte mir den Arm um die Schultern, ganz so, als wäre ich jemand, der jetzt unbedingt Trost oder moralischen Beistand benötigte. Doch davon konnte keine Rede sein. Ich war weder enttäuscht noch traurig. Ich war einfach nur stinksauer. Als ich zugesagt hatte, bei dieser Sendung namens »Das Supertalent« mitzuwirken, war mir von vorneherein klar gewesen, worauf ich mich einlasse.

Na ja, das hatte ich zumindest angenommen. Dass übergewichtige Teenager, deren Gesang an Katzenmusik erinnerte, mit ihrem Traum, sich als die nächste Whitney Houston oder Maria Carey zu profilieren, von den Juroren einiges zu hören bekamen, sofern sie sich mit ihren missglückten Auftritten nicht selbst blamierten, war mir bekannt. Das weiß jeder, der nicht das vergangene Jahrzehnt im Dornröschenschlaf verbracht hat. Aber ich war ein ausgewachsenes Mannsbild von dreiundfünfzig Jahren und nicht angetreten, um Mitglied einer Boygroup zu werden, die irgendwer zusammenzubasteln gedachte, um ein paar Teenagern kurzfristig das Taschengeld abzuknöpfen, das sie besser in andere Dinge investiert hätten. Ich war erpicht darauf, mein Können auf dem Gebiet der Hypnose unter Beweis zu stellen. Und ich war davon ausgegangen, dass man mir dafür zumindest ein wenig Respekt entgegenbringen würde.

Aber Fehlanzeige: Hier handelt es sich um eine Fernsehshow und Dieter Bohlen hatte getan, was man von ihm erwartete, ohne zwischen meinem Metier und Kandidaten mit vermeintlichem Gesangstalent zu unterscheiden.

Einige Minuten später ließ ich mich Backstage auf ein Sofa fallen und versuchte, mich langsam wieder abzuregen. Schließlich hatte letztendlich alles bestens geklappt. Und mehr als das. Ich hatte einen Auftritt hingelegt, an den man sich noch lange erinnern würde, auch wenn das nicht meiner Absicht entsprochen hatte. Und das vor einem Millionenpublikum. Jetzt, wo Aufregung und Wut ein wenig verebbten, lächelte ich sogar still in mich hinein. Plötzlich klopfte es an der Garderobentür und jemand fragte, ob ich etwas gegen ein Interview einzuwenden hätte. Nur fünf Minuten, ganz kurz, man wolle dem Publikum ein wenig mehr über den Mann verraten, der gerade Sylvie van der Vaart, wie sie damals noch hieß, live im Fernsehen hypnotisiert hatte.

Ich schwitzte und meine Anspannung hatte sich noch immer nicht vollständig gelegt, aber ich bemühte mich, eine möglichst weltläufige Haltung einzunehmen, und legte einen Arm lässig auf die Rückenlehne der Couch. »Klar, gerne«, erwiderte ich und schon betrat ein dreiköpfiges Team die Garderobe. Man stellte mir höflich und freundlich einige Fragen und ich gab bereitwillig Auskunft über meine Arbeit, meinen persönlichen

Werdegang und den gerade erfolgten Auftritt. Und während ich in Plauderlaune geriet, wurde mir vage bewusst, dass für mich nun ein neuer Lebensabschnitt begann, als »Supertalent«.

Mein erster Auftritt in Wiesbaden war völlig problemlos verlaufen. *Dieter Bohlen, Bruce Darnell* und *Sylvie van der Vaart* hatten auf den Juroren-Sesseln Platz genommen und in Ruhe zugeschaut, wie ich jemanden hypnotisierte. Dieser Auftritt von mir wurde bereits aufgezeichnet, man war also bereits derart überzeugt von mir, dass ich nie ein reguläres Casting hatte durchlaufen müssen. Ich war nach fünf Minuten fertig, bekam dreimal ein „Ja" und kam eine Runde weiter. Alles wunderbar.

Meiner Frau erzählte ich später am Telefon, dass ich jetzt nach Berlin fahren würde, da nach meinem Auftritt dort die Entscheidung fallen sollte, ob ich es ins Halbfinale der Show schaffen würde. Ich hatte vermutlich erwartet, dass sie sich freuen und meiner Idee, in einer Castingshow mitzumachen, nicht mehr ganz so ablehnend gegenüberstehen würde. Doch weit gefehlt. Sie wirkte kühl und abweisend und mein Weiterkommen bei der Show interessierte sie anscheinend nicht. Ich ignorierte ihre Reaktion und konzentrierte mich auf meinen Auftritt. Mir war schon damals, zumindest unbewusst, klar, dass meine Ehe nicht mehr zu retten war ...

Meine private Situation geriet in Berlin dann aber schnell in Vergessenheit. Die Mitarbeiter der Produktionsfirma *Grundy* waren freundlich, höflich und ausgesprochen hilfsbereit. Das gefiel mir sehr, denn es nahm mir ein wenig das beklemmende Gefühl, nun die Höhle des Löwen betreten zu müssen. Grundy schlug mir sogar verschiedene Szenarien vor, die ich auf der Bühne umsetzen könnte. Mir gefiel keine der Ideen, da sie für meinen Geschmack nicht anspruchsvoll genug waren. Mit Hypnose, gerade mit der Show-Hypnose, hatte man dort kaum Erfahrungen. Also ließ man mich gewähren und gemeinsam besprachen wir verschiedene Möglichkeiten.

Ich war voll in meinem Element. Wir ließen der Fantasie freien Lauf und zogen sogar in Erwägung, Dieter Bohlen höchstselbst vor laufender Kamera zu hypnotisieren, entschieden uns aber rasch dagegen, denn zum einen hätte er mit Sicherheit keine Lust dazu gehabt und zum anderen wollte ich es mir nicht mit dem Mann verscherzen, der für mein Weiterkommen in der Show am wichtigsten war. Abgesehen davon galt er als der größte Skeptiker in der Jury, was das Thema Hypnose betraf. Ich erklärte also, dass ich gerne zehn Probanden für die Arbeit auf der Bühne hätte. Das heißt, zehn Leute aus dem Publikum, die ich im Vorfeld probeweise hypnotisieren konnte, damit später auf der Bühne alles reibungslos lief.

In der Regel lassen sich nämlich nur etwa fünfzig Prozent der Kandidaten auf der Bühne in Trance versetzen und um eine möglichst perfekte Show abzuliefern, musste ich mich im Vorfeld überzeugen, ob sie empfänglich dafür waren. Von diesen zehn wollte ich später drei auswählen. Immerhin blieben mir in der Castingshow nur wenige Minuten, um mich bestmöglich zu präsentieren und eine Runde weiterzukommen. Für Grundy stellte das kein Problem dar. Ich muss sagen, dass man mich wunderbar unterstützt hat, und die Atmosphäre war beinahe familiär. Es fanden sich zehn Leute aus dem Publikum, die ich hinter der Bühne probeweise hypnotisierte, während ein Grundy-Redakteur mir wachsam über die Schulter sah. Schließlich sollte alles mit rechten Dingen zugehen. Im Anschluss nahmen meine Probanden wieder im Publikum Platz.

Der Plan war, dass ich sie während der Show auf die Bühne holen würde. Was ich mit ihnen machen würde, ließ ich noch offen. Meine Shows entwickeln sich immer spontan. Ich gehe nie mit der Absicht auf die Bühne, jemanden dazu zu bringen, seinen Namen zu vergessen oder wie ein Huhn zu gackern. Alle Ideen und Gags entstehen aus dem Stegreif. Von diesem Vorgehen wollte ich auch an diesem Abend nicht abweichen, denn es hatte sich bewährt. Die Redakteure reagierten natürlich irritiert, als ich ihnen sagte, dass ich noch keine Ahnung hätte, was ich mit den Zuschauern später machen würde, aber man vertraute mir und ließ mich machen. Ich war bestens vorbereitet und hatte absolutes Vertrauen in mich selbst, trotzdem wurde ich immer nervöser. Diese Show war für mich die womöglich letzte Chance, beruflich Fuß zu fassen. Was, wenn doch irgendetwas schiefging?

Schließlich folgte der Moment der Aufzeichnung. Ich weiß nicht mehr, wer vor mir auf der Bühne war, ich stand nur am Rand und wartete darauf, dass mir die Aufnahmeleiterin das Zeichen gab, hinauszugehen. Hinaus zu den Juroren und vor das Publikum, dessen Applaus gerade den Abgang meines Vorgängers begleitete. Ich atmete tief durch und versuchte, mich so gut wie möglich zu konzentrieren, denn gleich würde der vielleicht wichtigste Auftritt meines Lebens erfolgen. Lampenfieber gehört immer dazu, aber das, was ich in diesem Augenblick empfand, war weit mehr. Würde ich hier und jetzt scheitern, hätten alle recht gehabt. Alle, die an mir gezweifelt und mir immer davon abgeraten hatten, meine berufliche Zukunft auf die Hypnose zu setzen, würden sich bestätigt sehen. Und ich, Anfang fünfzig, pleite und ohne Plan B, hätte ihnen kaum widersprechen können.

Man wiederholte meinen Namen, ich atmete ein letztes Mal durch und betrat die Bühne im Theater des Westens. Die Zuschauer applaudierten und ich ging an die für die Kameras markierte Stelle. Hinter mir standen drei Stühle, auf denen die Zuschauer, die ich hypnotisieren wollte, gleich Platz nehmen würden. »Mein Name ist Pharo, ich bin dreiundfünfzig Jahre und lebe in Spanien. Ich würde mich freuen, wenn ich einige Leute aus dem Publikum in die Welt der Hypnose entführen darf.« Ich bemühte mich, locker zu wirken. Eine Hand steckte in der Hosentasche und auch sonst wollte ich keinesfalls den Eindruck erwecken, dass ich nervös war. Dieter Bohlen unterbrach mich sofort, und das zu Recht. »Du hypnotisierst, ja?«, fragte er. Wunderbar. Ich hatte den Leuten gesagt, wer und wie alt ich war und wo ich lebte, was ich aber auf der Bühne machen wollte, hatte ich zu erwähnen vergessen ... Ich versuchte, mich nicht aus dem Konzept bringen zu lassen, antwortete mit einem knappen »Genau« und machte weiter im Text. Ich wollte endlich zeigen, was ich konnte, und das möglichst ohne langes Vorgeplänkel, also wiederholte ich, dass ich jetzt gerne ein paar Leute aus dem Publikum hypnotisieren wollte.

Bohlen fragte mich, woher man denn wissen könne, dass es sich bei den Leuten aus dem Publikum nicht um Freunde oder Angestellte von mir handelte. Mit dieser Frage hatte ich absolut nicht gerechnet. Die Mitarbeiter der Produktion hatten mir schließlich erlaubt, einige Leute vorzubereiten, also was sollte das jetzt? Okay, man musste natürlich auch an die Zuschauer vor den Bildschirmen denken, die nichts von vorbereiteten Probanden wussten. Aber das hatte ich schlicht nicht auf dem Schirm. Ich hob die Hände beinahe entschuldigend und sagte nichts. Ich war völlig perplex. Natürlich war jedermann Hypnotiseuren gegenüber eher skeptisch, aber ich hatte angenommen, den Punkt des Andere-überzeugen-Müssens hier erspart zu bekommen.

Dieter Bohlen wollte, dass Sylvie van der Vaart die Leute aus dem Publikum auswählte, die ich hypnotisieren sollte. Ohne mein Einverständnis abzuwarten, begann sie auch gleich damit, sich im Theater nach geeigneten Kandidaten umzusehen.

Ich stand währenddessen ratlos auf der Bühne und fühlte mich verarscht. Ich habe absolut kein Problem damit, wenn man Hypnose für Humbug hält. Jeder soll glauben, was ihm gefällt. Wenn man es aber darauf anlegt, mich bloßzustellen, und das auch noch vor Millionen Fernsehzuschauern, dann stört mich das. Sehr sogar. Und genauso fühlte es sich in diesem Moment an, auch wenn das ganz sicher nicht Sylvies Absicht gewesen war. Sie wählte schließlich fünf Leute aus, zwei Frauen und drei Männer. Diese kamen auf die Bühne und ich begrüßte sie freundlich. Ich beschloss, mich nicht weiter beirren zu lassen und mein Programm zu machen. Gut, ich hatte es jetzt mit Zuschauern zu tun, die ich nicht vorher gesehen hatte, aber das machte nichts. Sollte die Hypnose bei einem oder zwei von ihnen nicht funktionieren, wäre das auch kein Beinbruch. Ich begann und die Hypnose funktionierte gut, sehr gut sogar, gerade bei einem der Männer. Ich hatte kaum begonnen, zu ihm zu sprechen, da fiel er auch schon um. Ich konnte ihn gerade eben noch auffangen, trotzdem ist er ziemlich hart auf den Boden gefallen. Auch wenn er sich nichts getan hat und sich daran nicht mehr erinnert: Wenn du das hier liest, sorry, mein Fehler. Auch bei den anderen Zuschauern funktionierte alles einwandfrei. Alle kamen gut in den Trancezustand und ich dachte mir, wenn die Zusage, dass ich mit vorbereiteten Kandidaten arbeiten würde, nicht mehr galt, dann müsste ich mich ja auch kaum an mein Versprechen halten, nichts mit Dieter Bohlen zu machen.

Ich sagte dem jungen Mann, der mir beinahe aus der Hand gerutscht wäre, dass er Dieter Bohlen sei und dementsprechend am Jurorentisch Platz nehmen müsse. Ich weckte ihn und der Mann ging schnurstracks auf das Pult zu. Bohlen machte den Spaß mit und überließ dem Zuschauer bereitwillig seinen Sessel. Das Publikum lachte und applaudierte.

Zum ersten Mal an diesem Abend fühlte ich mich wohl auf der Bühne, da alles wunderbar für mich lief. Nach ein paar Minuten und einigen kleinen Gags war mein Auftritt auch schon vorüber. Ich bedankte mich, aber Sylvie fragte, wie man denn nun ganz sicher sein könne, dass das gerade Gesehene wirklich echt gewesen sei. Ich wusste auch darauf nichts zu sagen, schließlich hatte sie doch persönlich die Zuschauer ausgewählt. Glaubte man tatsächlich, ich hätte das Theater des Westens vollständig mit meiner Verwandtschaft besetzt? Dieter Bohlen schlug sofort vor, Bruce Darnell oder Sylvie selbst hypnotisieren zu lassen. Und tatsächlich erklärte Sylvie van der Vaart sich gleich bereit und machte sich auf den Weg zur Bühne.

Ich nickte und lächelte, aber innerlich kochte ich. Das hier lief keineswegs so, wie man mir gesagt hatte, dass es laufen würde. Musste ich jetzt so lange Leute hypnotisieren, bis es tatsächlich bei irgendwem nicht funktionierte und man mich endlich als den Scharlatan enttarnt hätte, der ich ja in den Augen der Juroren offenbar war? Ich konzentrierte mich wieder auf Sylvie. Sie stand vor mir und atmete ruhig. Ich konnte gleich sehen, dass sie eine Person war, die ich leicht hypnotisieren konnte, da sie dem Thema offen gegenüberstand und sich zudem auch ganz auf eine Hypnose einlassen wollte.

Ich sprach kurz zu ihr und sie fiel augenblicklich in Trance. Durch das Publikum ging ein Aufschrei, als hätte ich gerade auf sie geschossen. Selbst Dieter Bohlen klappte regelrecht die Kinnlade herunter. Sehr erstaunlich, wie ich finde. Hypnotisiere ich fünf Leute, ist das okay. Aber hypnotisiere ich eine einzige Prominente, dann sagen alle »Oh« und »Ah« und sind völlig baff. Vielleicht wäre das eine Geschäftsidee für mich: »Bringen Sie mir einen Promi, ich hypnotisiere ihn für Sie!« Na ja, vielleicht auch nicht.

Grundsätzlich ist es aber tatsächlich bis heute so, dass ich die meiste Aufmerksamkeit bekomme, wenn ich jemanden in Trance versetze, der bekannt ist, wie beispielsweise beim ehrlichsten Interview der Welt, das ich für das Entertainment-Magazin Gossip mit der Schauspielerin Anouschka Renzi geführt habe. Die Idee war, dass sie auf alle Fragen in Trance antworten sollte, also ohne die Möglichkeit, zu lügen oder sonst irgendwie auszuweichen. Das war auch für mich eine sehr emotionale und tolle Erfahrung.

Oder Carmen Geiss, die ich an der Côte d'Azur besuchte, um sie »schmerzfrei« zu machen. Sie hatte sich für eine bevorstehende Tätowierung eine besonders empfindliche Stelle ausgesucht: den Bereich des Rückens um die Nieren herum. Und da sie die Schmerzen fürchtete, welche die Tätowiernadel bei ihr auslösen würde, bat sie mich, ihr ein wenig ihrer Schmerzempfindlichkeit zu nehmen, was mir auch ganz gut gelang. Wenigstens war sie tapfer genug, während ihrer Sitzung nicht loszuschreien, was ihr Mann Robert mit einem zufriedenen »Endlich Ruhe« quittierte.

Aber zurück zum »Supertalent«. Sylvie befand sich in Trance und ich gab ihr ein, ihren Körper hart wie ein Brett werden zu lassen. Ich bat Dieter Bohlen zu mir auf die Bühne und rückte zwei der Stühle zurecht. Er nahm ihre Fußgelenke, ich ihre Schultern und gemeinsam hoben wir die »schlafende« Sylvie vom Boden und legten sie zwischen die Sitzflächen, sodass ihr Körper, abgesehen von Schultern und Füßen, in der Luft schwebte. Eigentlich wäre es das gewesen von meiner Seite, aber man blickte mich noch immer erwartungsvoll an. Ich konnte es mir zwar nicht vorstellen, aber wenn man mich schon machen ließ, dann konnte ich mich ja jetzt genauso gut auf Sylvie stellen, um vielleicht ein für alle Mal zu beweisen, dass ich durchaus in der Lage war, Menschen zu hypnotisieren.

Ich zog mein Jackett aus und legte es auf die Frau vor mir. Dann zog ich Dieter Bohlen zu mir, hielt mich an seiner Schulter fest und hob langsam ein Bein Richtung Sylvie. »Sicher?«, fragte ich noch ein letztes Mal und Bohlen stieß mein Bein weg und trat einen Schritt zurück. »Ich hab ihr versprochen, dass wir nix mit ihr machen«, sagte er nur. »Ich hätt's eh nicht gemacht«, lachte ich. Wir hoben Sylvie zurück auf den Boden, ich weckte sie auf und sie ging lächelnd und etwas neben der Spur zurück an ihren Platz. Ich bekam dreimal das ersehnte »Ja« und ging von der Bühne. Das Publikum hinter mir tobte vor Begeisterung, aber ich hatte andere Sorgen.

Ich war stinksauer. Man hatte mich wie einen kleinen Bengel behandelt, den man unbedingt beim Lügen erwischen will, auch wenn er die ganze Zeit über die Wahrheit sagt. In diesem Moment fühlte ich mich, als hätte Dieter Bohlen nur ein Ziel gehabt: mich vorzuführen. Ich hielt meinen gesamten Auftritt für völlig misslungen, weil ich das Gefühl hatte, auf der Bühne permanent in der Defensive gewesen zu sein. Zum Glück legte sich meine Wut aber recht schnell wieder. Und letztendlich hatte er nur getan, was man von ihm erwartete.

Ich ließ mich Backstage auf ein Sofa sinken und gab das erste einer ganzen Reihe von Interviews, die nun folgen sollten. Nach den Interviews nahm ich meinen kleinen Rollkoffer und verließ das Studio. Kaum auf der Straße, sprachen mich die ersten Leute an. »Pharo, das war das Stärkste, was ich heute gesehen habe.« Ich war völlig verblüfft. Wieder im Hotel kam auch gleich der Anruf der Produktionsfirma. Man sagte mir, dass mein Auftritt großartig gewesen sei. Und ich solle abwarten, denn im Fernsehen würde er erst recht fantastisch wirken.

Einige Wochen später sah ich dann den Auftritt und war tatsächlich überrascht. Ich wirkte im Fernsehen deutlich besser und souveräner, als ich es mir vorgestellt hatte. Und ich war auch nicht der Einzige, dem es gefallen hatte, denn gleich nach der Ausstrahlung lud man mich zum RTL-Magazin »Punkt 12« ein, wo ich etwas über mich und meine Arbeit erzählen sollte. Ich nahm das Angebot gerne an, nebenbei absolvierte ich noch einige kleinere Auftritte in Discos und Gaststätten.

Beim Supertalent selbst brachte ich es dann relativ weit, vor dem Halbfinale aber schied ich dann aus. Man war der Meinung, dass da »einfach nicht mehr kommt« von mir. Auch wenn ich die Begründung nicht nachvollziehen konnte und dementsprechend enttäuscht war, muss ich aus heutiger Sicht sagen, dass man recht hatte. Von mir gab es eben »nur« Hypnose. Man konnte keine Hitsingle mit mir produzieren, mich zu »The Dome« einladen oder mich im Vorprogramm von Shakira auf

Tour schicken. Da ließ sich der Gewinner Freddy Sahin-Scholl schon deutlich besser vermarkten, immerhin ist er Sänger. Die hunderttausend Euro Siegerprämie hätte ich natürlich trotzdem gerne gehabt.

Ich freute mich aber dennoch über meine neu erstarkte Popularität und da ich nicht wusste, wie lange sie andauern würde, wollte ich – auch finanziell – davon profitieren, denn trotz meines Auftritts war ich noch immer pleite und mein Konto stand knietief im Dispo. Ich brauchte jeden Euro. Und tatsächlich ging es aufwärts. Statt auf Gran Canaria für achtzig oder hundert Euro kleine Auftritte zu absolvieren, folgten auf jede Sendung weitere Angebote für Auftritte. Und ich nahm jeden einzelnen Termin wahr, auch wenn das für mich bedeutete, jeden Tag von morgens früh bis spät in die Nacht unterwegs zu sein.

Das »Supertalent« selbst hatte ich beinahe gar nicht mehr im Gedächtnis und ich stand gerade in Erfurt auf der Bühne des *»Brettl«*, als mir jemand aus dem Publikum zu rief, dass ich im Halbfinale der Show sei. Twitter habe dies gerade verkündet. Ich konnte dies gar nicht glauben, denn immerhin war ich ja ausgeschieden, auch wenn die entsprechende Sendung noch nicht im Fernsehen gezeigt worden war. Drei Stunden später erhielt ich aber dann tatsächlich einen Anruf der Produktionsfirma. Der Redakteur sagte mir geradeheraus, dass »RTL« wollte, dass ich wieder dabei bin. Die letzte Sendung mit mir habe 8,5 Millionen Zuschauer gehabt, zudem sei meine Hypnose von Sylvie noch immer in aller Munde. Ich sagte natürlich sofort zu. Die Aufzeichnung, in der ich aus der Show geflogen war, wurde kurzerhand gekippt und nicht ausgestrahlt, sodass ich für den Fernsehzuschauer praktisch nie weg gewesen war. Keine 12 Stunden später wurde bereits bei »RTL« für die kommende Sendung mit mir, die in den Studios in Köln aufgezeichnet werden sollte, geworben: „Martin Bolze, die Hypnose-Sensation hypnotisiert im Halbfinale die gesamte Nation!"

Die Show lief für mich fantastisch, und auch RTL war begeistert: 11,6 Millionen Zuschauer bei eine Marktanteil von 48 Prozent!

Das alte „Problem", dass ich nicht mehr konnte als Hypnose, schien aber weiterhin zu bestehen, denn trotz unglaublich vieler Anrufe schaffte ich es nicht bis ins Finale. Ein kleiner Junge, der eine wirklich gute Michael-Jackson-Nummer abgezogen hatte, erreichte dann doch das ein oder andere Herz mehr als ich.

Das Halbfinale pushte mich dann noch einmal so richtig, und von da an absolvierte ich einen Auftritt nach dem anderen, obwohl ich körperlich bereits vorher schon angeschlagen gewesen war.

Das Ergebnis dieser recht anstrengenden Zeit war, dass ich einen Hörsturz bekam. Ich saß gerade in einem Regionalexpress und war auf dem Weg zu einem Auftritt, als ich bemerkte, dass ich Gleichgewichtsstörungen hatte. Ich gab erst einmal nichts darauf und ignorierte auch, dass ich auf dem linken Ohr taub wurde und stattdessen nur noch ein Pfeifen hörte. Ich hätte gleich zum Arzt gehen sollen, aber krankfeiern gab es für mich nie. Wenn ich einen Auftritt zusage, dann mache ich ihn auch. Ich machte also noch zwei Auftritte, bis ich schließlich für eine Woche im Krankenhaus landete.

Abzweigungen

In meinem Leben hatte es immer Zeiten gegeben, in denen es mir gut ging. Dann gab es natürlich auch die Zeiten, in denen es mir sehr gut ging. Und solche, in denen es mir mittelprächtig bis schlecht ging. Als mich der Anruf von Jürgen Volk im Juni 2010 erreichte, war ich an einem Punkt angelangt, an dem ich mir wünschte, dass ich auf die Frage, wie es mir geht, wahrheitsgemäß mit »mittelprächtig« hätte antworten können, denn tatsächlich, na ja, war ich ziemlich am Arsch.

Meine Ehe war eine Katastrophe, Geld hatte ich auch nicht und was am schlimmsten war: Ich hatte nicht die geringste Ahnung, wie es mit mir und meinem Leben weitergehen sollte. Da gerade die heißen Sommermonate angebrochen waren, konnte ich nicht einmal darauf hoffen, irgendwo für Hypnose-Shows gebucht zu werden. Ich lebte zu dieser Zeit bereits auf Gran Canaria, aber Strand und Meer trösten einen auch nicht sonderlich, wenn man nicht weiß, wie und ob man überhaupt Miete, Versicherungen und all die anderen Rechnungen, die einem täglich ins Haus flattern, bezahlen kann. Und wie man sich denken kann, hat man als dreiundfünfzig Jahre alter Mann ohne Geld, ohne funktionierende Beziehung und ohne vage Idee von der Zukunft nicht unbedingt das Gefühl, im Leben besonders viel erreicht zu haben.

Ich möchte nicht behaupten, dass ich zu jener Zeit depressiv war, aber wenn ich je nahe an diesem Zustand gewesen sein sollte, dann in diesen Tagen. »Martin, wir hätten dich einfach sehr gerne dabei«, erzählte Jürgen mir am Telefon und ich wusste nicht so recht, was ich davon halten sollte. Es war bereits der zweite Anruf dieser Art, den ich von ihm erhalten hatte. Das erste Angebot vom März desselben Jahres hatte ich aber noch links liegen lassen. Mir stand nicht der Sinn danach, mich im Fernsehen zum Idioten zu machen. Einer dieser bemitleidenswerten Typen zu sein, die man gleich herauswählt und die nur wegen der Quote dabei waren.

Jürgen Volk war damals Chefredakteur der Produktionsfirma Grundy, welche »Das Supertalent« produzierte. Diese Sendung kannte ich dem Namen nach, sie gehörte aber sicher nicht zu dem Programm, das ich mir regelmäßig ansah, da sie doch eindeutig für ein eher jüngeres Publikum produziert wurde. Umso überraschter war ich natürlich, dass man ernsthaft in Erwägung zog, mich bei dieser Sendung dabeihaben zu wollen. Ich fühlte mich von der Zielgruppe Jahrzehnte weit entfernt und konnte mir ebenso wenig vorstellen, dass man bei RTL auf Hypnose scharf war. Tatsächlich sagte mir Jürgen, dass man in der Regel Abstand zu Hypnotiseuren hielt, weil man beim Sender die Befürchtung hatte, dass während dieser Auftritte irgendwas schiefging. Man hörte und las wohl einfach zu viel über missglückte Auftritte. Hypnotisierte Menschen, die nicht wieder »wach« wurden, und ähnlichen Unfug. Ich glaube, tatsächlich hatten die Sender einfach Angst, dass der Auftritt eines Hypnotiseurs schlicht zu langweilig für das Publikum sein könnte.

Grundy hatte aber hier und da wohl bereits von mir gehört und war nun der Meinung, dass Pharo wunderbar in diese Sendung passen würde. Hypnose war nun doch faszinierend und spannend. Ich muss zugeben, dass mir der Anruf trotz erster Bedenken sehr schmeichelte. Für gewöhnlich bewarb man sich um die Teilnahme an solchen Sendungen. Dass sich der Chefredakteur selbst mit einem in Verbindung setzte, kam praktisch nie vor. Wozu auch? Es gibt genügend Menschen auf der Welt, die denken, dass sie und ihr einzigartiges Talent unbedingt ins Fernsehen gehören. Mir gefiel der Gedanke auch immer mehr, zumal ich aus Erfahrung wusste, was TV-Auftritte für die eigene Karriere bewirkten. Fünf Minuten vor der Kamera bedeuteten normalerweise ein Jahr Arbeit. Und wie gesagt litt ich zu diesem Zeitpunkt nicht gerade an Überbeschäftigung.

Aber musste es direkt eine Talentshow sein? Musste ich mir oder sonst wem beweisen, was ich konnte? Der Wettbewerbsgedanke, der hinter solchen Sendungen steckt, behagte mir gar nicht. Genauso gut hätte man von mir erwarten können, dass ich Visitenkarten druckte, auf denen stand: Pharo – Hypnotiseur. (Ich kann's wirklich, bitte glauben Sie mir!) Der Zwiespalt bestand also für mich darin, einerseits die verlockende Gelegenheit zu bekommen, von einem Millionenpublikum gesehen zu werden, und mich andererseits der Gefahr auszusetzen, mich vor genau demselben Publikum lächerlich zu machen. Nicht, dass ich an meinen Fähigkeiten gezweifelt hätte, aber ein Dieter Bohlen hat ja die Möglichkeit, einen hochleben oder aber auch auf der Bühne baden gehen zu lassen, im übertragenen Sinn. Und ich hatte in meinem Leben einfach schon genug gemacht, als dass ich mich aus Entertainment-Gründen zum Kasper machen lassen müsste.

Meine Unschlüssigkeit hatte sich aber dann schnell erledigt. Ein leerer Kühlschrank kann eine sehr nützliche Entscheidungshilfe sein. Und Jürgen versprach mir auch, dass es absolut nicht darum gehen würde, irgendwen lächerlich zu machen, sondern dass man mich einfach gern dabei hätte, weil ich ja ein ungewöhnliches Talent hätte. Deshalb sagte ich zu.

Ich erzählte meiner Frau davon und hatte schon befürchtet, dass sie nicht ganz begeistert von meinem Vorhaben sein würde, bei einer Castingshow mitzumachen. Das war sie tatsächlich nicht. Und zwar so wenig, dass sie die ganze Idee schlicht und einfach für bescheuert hielt und von mir verlangte, dass ich »den Scheiß« sofort absagte. Unsere Ehe war zu dieser Zeit schon ziemlich, nennen wir es zerrüttet, dennoch verlangte ich von ihr zumindest eine Erklärung. Mich erstaunte, dass es ihr lediglich um den möglichen Imageverlust ging. Was wohl meine Kollegen von mir dachten, wenn sie mich bei einer Castingshow sähen. Was die Freunde wohl sagen könnten. Und was, wenn ich im Fernsehen versagte? Ob ich denn gar nicht daran gedacht hätte, was ich ihr mit dieser eigenmächtig getroffenen Entscheidung womöglich antäte? Bevor ich mich hier nun dem Verdacht aussetze, meine damalige Frau in einem zu schlechten Licht dastehen lassen zu wollen, möchte ich sagen, dass wir zu dieser Zeit finanziell extrem mit dem Rücken zur Wand standen.

Hypnose ist, wie viele andere Themen auch, einem gewissen Trend unterworfen. Mal berichtet der halbe Planet von nichts anderem, mal interessiert es niemanden. Und zu der Zeit interessierte ein Hypnotiseur die Leute ungefähr so viel wie ein jonglierender Clown auf einem Einrad. Finanziell hielt ich uns mit der einen oder anderen Hypnose-Show über Wasser. Die fanden meist in irgendwelchen kleinen Kneipen statt und ich bekam achtzig oder neunzig Euro dafür. Und wenn ich drei Auftritte im Monat hatte, dann war das schon viel. Hinzu kamen dann noch einige Rauchentwöhnungen, sodass wir uns zwar über Wasser halten konnten, mehr aber auch nicht. Ich war also mehr als erstaunt, dass sich meine Frau um nichts weiter sorgte als um ihre ... äh ... meine Reputation.

Mein weiteres Argument, dass ich noch nicht einmal bei einem Vorcasting hätte mitmachen müssen, zählte ebenso wenig. Vorcastings finden normalerweise vor drei oder vier Studenten statt, die dann darüber entscheiden, ob man in irgendeiner Hinsicht toll ist oder nicht. Die tatsächliche Jury von damals – Dieter Bohlen, Sylvie van der Vaart und Bruce Darnell – war bei diesen Vorcastings nicht anwesend und diese Castings werden auch nicht im Fernsehen gezeigt. Ich hätte diesen Kram direkt überspringen können, was meine damalige Frau aber auch nicht überzeugte. Ihre Reaktion war: »Entweder diese Show oder ich.« Ich habe mich dann entschieden.

Ich hatte also die Möglichkeit, direkt zu einem der »richtigen« Castings zu fahren. Man ließ mir die Wahl, ob ich in Wiesbaden, Berlin oder Köln auftreten wollte. Ich habe mich dann für Wiesbaden entschieden, was im Nachhinein eine drollige Entscheidung war. Ein Bekannter von mir fuhr nämlich dorthin und ich hatte gedacht, dass er mich dann mitnehmen könne. Als ich Jürgen sagte, dass ich nach Wiesbaden kommen wollte, hatte er mir gleich ein Hotelzimmer und einen Flug nach Frankfurt gebucht. Ich hätte also hingehen können, wohin ich wollte. Nun ja, so habe ich immerhin einmal Wiesbaden besser kennenlernen können. Und ich hätte nicht gedacht, dass es ausgerechnet eine Stadt wie Wiesbaden sein würde, in der ich Lampenfieber und Versagensängste komplett neu für mich entdecken würde.

***

Ich saß auf einer Bank und wartete darauf, dass mein Flug aufgerufen würde. Um mich herum saßen sehr viele Paare, die genau wie ich darauf warteten, endlich einchecken zu können. Immerhin war und ist Gran Canaria eine Insel, die gerne von Verliebten für ihren gemeinsamen Urlaub ausgesucht wird. Wie ich so da hockte, mit einer kleinen Reisetasche neben mir, umringt von verliebten Pärchen und Ehepaaren, hätte man mich für den einsamsten Menschen der Welt halten können. Aber der war ich absolut nicht und es machte mich stutzig, dass mich diese von außen betrachtet durchaus melancholische Situation überhaupt nicht packte. Vielleicht lag es daran, dass mir schon längst klar gewesen war, dass meine Ehe am Ende war. Dass ich jetzt hier allein saß und auch ohne meine Frau die Reise nach Deutschland antreten würde, war nur Teil der konsequenten Entwicklung der letzten Jahre gewesen.

Achtzehn Jahre Ehe hatten wir bereits hinter uns und ich muss schon sehr scharf nachdenken, wenn ich mir die Momente in Erinnerung rufen will, die man als glücklich bezeichnen kann. Wir hatten viel miteinander erlebt und auch eine Menge zusammen durchgemacht, was uns immer wieder ein Gefühl der Zusammengehörigkeit verschaffte, aber das war nie von Dauer gewesen. Sowohl ihr als auch mir war im Grunde schon seit Jahren klar, dass wir nur noch nebeneinander her lebten. Ohne Gemeinsamkeiten, ohne gegenseitiges Interesse. Natürlich haben wir uns geliebt, auch zu diesem Zeitpunkt noch. Aber diese Liebe hatte sich verändert. Es fehlte an allem und wir lebten schon lange wie Bruder und Schwester zusammen. Und dass ich hier allein saß und meine Frau und ich uns getrennt hatten, das war schließlich auch nicht das erste Mal. Während unserer Ehe kam es immer wieder zu Auseinandersetzungen, die geradewegs in die Trennung führten. Jetzt, kurz vor meiner Reise nach Wiesbaden, hatten wir uns also endgültig getrennt. Rückblickend ist es schade um unser beider Leben, dass wir nicht schon bei unserer ersten Trennung konsequent eigene Wege gegangen sind, wir hätten uns viel Kummer ersparen können.

Mein Flug wurde aufgerufen und ich reihte mich in die Schlange derer ein, die Gran Canaria verlassen wollten. Manche für kurze Zeit, manche für immer. Zu welcher Gruppe ich mich zählen sollte, war mir selbst nicht ganz klar, denn trotz ihrer Drohung würde meine Frau natürlich auf mich warten. Wobei »warten« ein zu positiver Begriff ist, da er eine gewisse Sehnsucht impliziert. Man könnte besser sagen, dass sie noch da sein würde. Und auch ich wusste insgeheim, dass ich zu ihr zurückkommen würde. So, wie ich es immer getan hatte. Und ganz gleich, wie es beim »Supertalent« für mich laufen würde, sie würde bei meiner Rückkehr vor dem Fernseher sitzen und vermutlich noch nicht einmal fragen, wie es mir ergangen war. Ich hätte auch keine Lust, es ihr zu erzählen.

Der Flieger hob ab und ich warf noch einen Blick durch das Fenster auf das etwas entfernt liegende Las Palmas. Dann lehnte ich mich zurück und schloss die Augen, während viele der anderen Fluggäste sich die Nasen an den Scheiben platt drückten. Meine Frau und ich, wir sind immer viel gereist, deswegen bin ich den Anblick der Welt von oben schon lange gewohnt. Aber ich beneide bis heute Menschen, die sich den staunenden Blick aus einem Fenster bewahrt haben. Routine ist immer der Tod von allem, was zauberhaft und beeindruckend ist. Zum Glück hat man es ja auch selbst ein bisschen in der Hand, ob und wann Routine einsetzt. Wichtig ist, dass man sich sein Interesse bewahrt. Ich weiß nicht, ob es an meiner Persönlichkeit, meinem Elternhaus oder meinem Beruf liegt, aber Desinteresse an meiner Person empfand ich immer als verletzend. Natürlich will niemand, dass dem Gegenüber nur ein Schulterzucken einfällt, wenn man den Raum betritt, und vielleicht spricht da auch der Egozentriker aus mir, aber ich empfand Desinteresse an mir immer als äußerst kränkend. Es war auch meist dieses Desinteresse, das zu den ernsteren Streits und Auseinandersetzungen zwischen mir und meiner Ex-Frau geführt hatte. Vielleicht war das ein Fehler, aber ich habe unsere Streits im Nachhinein immer gelassen hingenommen. Nichts weiter dazu gesagt und die berühmte Faust in der Tasche gemacht. Paartherapeuten dürfen sich an dieser Stelle gerne seufzend die Hände vors Gesicht schlagen. Aber natürlich bricht so eine aufgestaute Frustration auch einmal heraus.

Ich erinnere mich an eine Situation, als meine Frau und ich in der Türkei waren. Wir hatten wieder einen unserer Streits und in dessen Verlauf platzte mir dann der Kragen. Ich weiß gar nicht mehr, wer was in welcher Lautstärke gesagt hatte, aber das Hotelmanagement gab mir ein eigenes Zimmer aus Angst, dass ich noch in dieser Nacht meine Frau verprügeln würde. In meinem Zimmer habe ich mich dann betrunken. Das kommt bei mir eigentlich nie vor und was passiert, wenn jemand, der so gut wie nie etwas trinkt, sich auf ein Teufelsgebräu wie türkischen Raki einlässt, kann man sich sehr leicht vorstellen. Ich glaube, es existiert sogar noch irgendwo ein Foto, wie ich völlig besoffen in einer Ecke liege, nachdem ich das halbe Hotelzimmer auseinandergenommen hatte. Man möge mir verzeihen, dass dieses Bild es nicht in das Buch geschafft hat.

Ich habe mich damals selbst über mein Aggressionspotenzial gewundert. Ich hielt und halte mich für einen sensiblen und eher ruhigen Menschen, aber an diesem Abend habe ich die Grenzen meiner Geduld vorgeführt bekommen und zum ersten Mal bewusst erlebt, mit welcher Wut ich einer Frau gegenüberstehen kann, wenn sie mich bis aufs Blut reizt. Das soll natürlich keine Rechtfertigung sein für Gewalt gegen Frauen. Ich bin weder meine eigene noch sonst irgendeine Frau je körperlich angegangen. Eine Frau zu schlagen, ist die maximale Jämmerlichkeit, die ein Mann offenbaren kann. Dummheit und Hilflosigkeit mögen Eigenschaften sein, die man als Mann in Diskussionen mit einer Frau nur zu gerne zeigt, aber sie können nie Entschuldigung oder Argument für Gewalt sein. Doch wie gesagt, wenn ich mich ungeliebt fühle oder sehe, dass man sich für mich nicht interessiert, dann reagiere ich gekränkt. Womöglich war dieser Mechanismus schon immer in mir, zumindest seit Jugendtagen.

Ich bin gutbürgerlich aufgewachsen, wie es so schön heißt. Und auch wenn meine Eltern sich immer um mich gekümmert haben, hatte ich nie das Gefühl, dass sie mich bestätigten oder außergewöhnlich unterstützten. Ich konnte zwar immer machen, was ich wollte, war dabei aber irgendwo auf mich selbst gestellt. Keine Sorge, Jammern ist mir zuwider und ich erwähne meine Eltern nur, um zu verdeutlichen, dass ich mir immer gerne Abzweigungen und Alternativen gesucht habe. Wenn ich irgendetwas nicht bekommen habe oder zumindest das Gefühl hatte, dass mir etwas fehlt, dann habe ich mich nach Ersatz umgesehen. Vielleicht war es ja auch mein Zuhause, das mir den Weg auf die Bühne überhaupt erst attraktiv gemacht hat. Ich bekam von meinem Publikum immer Bestätigung. Bestätigung, die mir vielleicht zu Hause gefehlt hat. In meiner Ehe lief es nicht anders. Meine Frau interessierte sich nicht für das, was ich tat, solange ich ihr ein halbwegs angenehmes Leben ermöglichte, da empfinde ich es nur als natürlich, dass ich mir meine Bestätigung von außen holte.

Diese Bestätigung hieß Anja. Männern wird ja gerne nachgesagt, dass sie schwanzgesteuert seien und sowieso jedem Rock nachjagen, der sich ihnen bietet – ein weiterer Vorwurf, den ich von meiner Frau kannte. Das mag auch auf den ein oder anderen Mann zutreffen, ich persönlich bin aber davon überzeugt, dass der Hauptgrund für Untreue, sowohl beim Mann als auch bei der Frau, der ist, dass man sich woanders zu holen versucht, was man zu Hause vermisst. Das kann Sex sein, meistens sind es jedoch elementarere Dinge wie der Mangel an Zuneigung, Liebe und Aufmerksamkeit, die einen zu anderen Partnern führen.

Bei mir war dies der Fall und es entspricht auch meiner Persönlichkeit und meiner Erfahrung mit mir selbst, mir woanders das zu holen, was ich zu Hause nicht bekomme. Und ich bin damit nicht allein. Alle, die auf der Bühne stehen, haben einen Knacks in dieser Richtung. Wenn nicht für Zuneigung und Anerkennung, warum um Himmels Willen sonst sollte man sich der Gefahr aussetzen, sich vor Hunderten oder vielleicht Tausenden von Menschen lächerlich zu machen? Und ich habe schon früh gemerkt, dass ich diesen Knacks habe. Dass ich genauso wenig dicht bin wie jeder andere, der auf der Bühne oder im Fernsehen auftritt. Mein Traum war immer, als Musiker im Fernsehen aufzutreten. Als sich zwischen Anja und mir etwas entwickelte, war ich schon seit Jahren verheiratet. Wir lebten damals noch auf Mallorca und mir wäre nie in den Sinn gekommen, etwas mit der Frau anzufangen, die ich als rein platonische Freundin schon seit einigen Jahren kannte. Aber manchmal entwickeln sich die Dinge eben anders, so auch in diesem Fall. Anja war eine tolle Frau: intelligent, witzig und unabhängig. Sie tat, wonach ihr der Sinn stand, und verfolgte konsequent ihre Ziele. Das alles imponierte mir, kannte ich doch diese Eigenschaften von meiner eigenen Frau schon lange nicht mehr.

Wir begannen eine Affäre, die sich jedoch sehr schnell zu mehr entwickelte. Und so kam es, dass Anja und ich ein Paar wurden, und das, obwohl ich zu Hause eine Ehefrau hatte. Die Frage nach einem schlechten Gewissen hat sich für mich aber immer nur am Rande gestellt. Meine Frau und ich lebten nebeneinander her, ohne dass der eine vom anderen etwas forderte. Und da sie mir sowieso ständig Affären nachsagte, die ich allerdings nicht hatte, hielt sich auch ihr Misstrauen auf konstant hohem, aber für sie normalem Niveau. Hinterher vereinfachte sich die Situation sogar dahingehend, dass wir uns wieder einmal trennten und sie nach Deutschland zurückging. Anja selbst verlangte von mir auch nie explizit, dass ich mich für sie von meiner Frau scheiden lassen sollte. Natürlich war dies hin und wieder Thema, aber das Ultimatum »sie oder ich« hat sie mir nie gestellt. Das mag sich jetzt wie ein wahr gewordener Männertraum anhören, das war es aber für mich nie, da meine Beziehung zu Anja meine Eheprobleme nicht kleiner machte. Und zusätzlich hatte ich mit Anja eine feste Freundin, der ich nie ganz gerecht werden konnte, da ich nicht wirklich frei war. Nach und nach wurde Anja so für mich zu einer Art Zweit-Ehefrau, die immer mehr Platz in meinem Leben einnahm, und das nicht nur emotional, sondern ganz praktisch.

Sie vereinbarte Termine, handelte Gagen aus und war oft genug erster Ansprechpartner, wenn jemand Pharo für eine Show, ein Seminar oder Ähnliches gewinnen wollte. So lebten wir einige Jahre lang, ich glaube drei oder vier, als ein normales, glückliches Paar. Wenn ich mich einmal auf Menschen eingelassen habe, dann empfinde ich auch lange nach dem Ende einer

Beziehung noch ein gewisses Verantwortungsgefühl für diese Person. Die Unterscheidung, wann dies charmant und wann völlig unangebracht ist, ist mir in der Vergangenheit nicht immer geglückt.

Irgendwann erhielt ich einen Anruf von meiner Frau aus Deutschland. Sie sagte mir, dass sie kein Geld und keinen Job hätte, und fragte mich, ob ich ihr nicht helfen könne. Ich sagte ihr, dass ich auf Mallorca sofort einen Job für sie besorgen könnte. Ein befreundeter Wirt suchte ständig nach guten Leuten für seine Lokale und meine Frau hatte diese Art Arbeit immer sehr gemocht. Der Fehler, den ich beging, war nicht, meine Frau zurück nach Mallorca zu holen, sondern der, dass ich tat, was ich vorher noch nie getan hatte: Ich verschwieg es Anja. Meine Befürchtung war zu groß gewesen, Anja könnte sich von mir trennen, wenn sie erführe, dass meine Frau wieder auf der Insel lebte, und das zudem noch mit meiner Hilfe und auf meinen Rat hin. Aus heutiger Sicht verstehe ich auch nicht ganz, wie ich denken konnte, mein Dilemma (Frau im Stich lassen oder Anja belügen) auf diese Art lösen zu können. Denn funktioniert hat es natürlich nicht.

Für diejenigen, die Mallorca nicht kennen, möchte ich an dieser Stelle erwähnen, dass es sich hierbei um eine Insel im Mittelmeer handelt, die in etwa die Größe einer handelsüblichen Wolldecke besitzt. Und aus diesem Grund erfuhr Anja natürlich sehr schnell, wer da nun wieder auf Mallorca lebte und vor allem, wer dafür verantwortlich war.

Anja reagierte gekränkt und enttäuscht und – trennte sich von mir. Natürlich nicht, ohne mir eine zugegebenermaßen verdiente Ohrfeige zu geben. Meine Frau zog wieder bei mir ein und ein halbes oder ein drei viertel Jahr später gingen wir gemeinsam nach Gran Canaria. Ich bin mir der Tatsache bewusst, dass ich die Beziehung zu Anja auf dem Gewissen habe, und ich bedaure das bis heute. Immerhin hatte ich mit dieser wunderbaren Frau sehr schöne Zeiten erlebt.

Bedauerlicherweise habe ich an Anja mehr schöne Erinnerungen als an meine eigene Ehefrau. Jetzt war es wieder so weit, dass meine Frau und ich uns getrennt hatten. Diesmal hieß der Grund »Das Supertalent«. Ich schnallte mich an und das Flugzeug landete in Frankfurt am Main. Von hier aus fuhr man noch etwa eine Stunde mit dem Wagen bis Wiesbaden, aber Jürgen hatte bereits alles organisiert.

Rampensau

Ich machte mir keine großen Sorgen darüber, ob in der Aufzeichnung der Show – die Castings wurden natürlich nicht live gesendet – alles klargehen würde, auch Lampenfieber hatte ich zu diesem Zeitpunkt noch keines. Ich war immerhin nicht zum ersten Mal im Fernsehen und mein erster TV-Auftritt lag auch schon etliche Jahre zurück. Übrigens war dieser auch bei RTL, das damals noch RTLplus hieß und ein Ableger von Radio Luxemburg war. Mit Frank Elstner als Radio-Chef. Schon ein paar Tage her, das Ganze. Mitte der achtziger Jahre hatte ich dort also meinen ersten Auftritt im Fernsehen. Die Sendung nannte sich »Frühstücksfernsehen«, jedenfalls umgangssprachlich. An den genauen Titel erinnere ich mich nicht mehr.

Das war noch ganz frisches Fernsehen, alle dort waren voller Eifer dabei, jeder wollte seinen Job so gut wie möglich machen. Und da RTLplus ja erst 1984 auf Sendung gegangen war und mit den öffentlich-rechtlichen Programmen nichts zu tun haben wollte, war dort ein entsprechend junges Team zugange. Ich weiß noch, wie stolz ich war, das erste Mal ein Sendestudio zu betreten. Überall Kameras, von denen sich einige gleich nur auf mich richten würden. Na ja, auf mich und G. G. Anderson, der ebenfalls in der Sendung zu Gast war. Waren eben andere Zeiten damals. Nach Luxemburg, von wo aus damals noch gesendet wurde, bin ich mit dem geliehenen Wagen eines Bekannten gefahren. Nach der Einladung, zur Sendung nach Luxemburg-City zu kommen, habe ich mich zuerst nach einer günstigen Mitfahrgelegenheit oder einer Zugverbindung erkundigt, aber ein befreundeter Toyota-Händler aus Wattenscheid, Herr Gürtler, meinte zu mir: »Mensch, Martin. Du musst doch mit dem eigenen Auto da vorfahren. Wie sieht denn das aus, wenn du mit der Reisetasche über der Schulter bei denen klingelst?« Ich hatte mir darüber weniger Gedanken gemacht, ließ mir aber natürlich anstandslos die Schlüssel für eines seiner Vorführmodelle in die Hand drücken. Ich fuhr also gemeinsam mit den drei Personen, die ich im Fernsehen hypnotisieren sollte, nach Luxemburg. Im Auto. Der Sender hatte mich gebeten, doch bitte Leute mitzubringen, die ich hypnotisieren könnte, da man dort nicht sicher sei, ob sich vor Ort jemand zur Verfügung stellen würde. Weder RTLplus noch ich hatten Zweifel an meinen Fähigkeiten, allerdings befinden wir uns gerade irgendwo zwischen 1984 und 1986 und die Leute begriffen erst allmählich, dass Dinge wie Hypnose oder auch Akupunktur nicht von Voodoo-Priestern auf irgendeiner abgelegenen Insel praktiziert wurden, sondern von ganz normalen Menschen. Und dass es sich dabei nicht um Hexenwerk oder anderen Unfug handelte, sondern um Techniken, die man, wenn man sie erlernt hatte, dazu nutzen konnte, anderen Menschen zu helfen, und die nicht dazu dienten, Unschuldige in willenlose Zombies zu verwandeln. Und Hypnose-Shows kannte man bestenfalls von tingelnden Gestalten, die für kleines Geld Leute dazu brachten, ihre Ehepartner zu vergessen oder zu gackern wie ein Huhn. Okay, das machte ich auch, aber ich lief während meiner Shows auch nie in Frack und Zylinder herum und zwirbelte mir kichernd den Bart wie die traurige Parodie eines Film-Bösewichts.

Aber ich schweife ab. Die Sendung lief großartig für mich, in jeder Beziehung. Ich hypnotisierte meine drei mitgebrachten Gäste und erntete dafür staunende Blicke, und zwar mehr, als ich zunächst ahnte. Privatfernsehen war zu dieser Zeit nämlich nicht nur für die Macher neu und aufregend, sondern auch für die Zuschauer. Zu dieser Zeit schaute jeder den neuen Sender RTLplus. Und so hatte ich es zum ersten Mal in meiner Karriere mit einem Millionenpublikum zu tun. Was für eine großartige Werbung das für mich war, muss ich nicht erwähnen. Hypnose wurde nach dieser Sendung auch und gerade medial sehr interessant. Die BILD schrieb einen Artikel über mich, in dem sie auch erwähnte, dass ich zu diesem Zeitpunkt mit dem Schwimmer Frank Hoffmeister arbeitete, um ihn auf die Olympischen Spiele in Seoul 1988 vorzubereiten. Nach seiner Flucht aus der DDR versuchte er, von Wuppertal aus seine erfolgreiche Karriere fortzuführen, was ihm auch gelang. In Seoul selbst hatte er seine sportlichen Ziele trotz unserer gemeinsamen Arbeit leider dennoch nicht erreichen können. Hypnose kann eben leider auch nicht zaubern. Dennoch verlief unsere Zusammenarbeit sehr erfolgreich und für uns beide zufriedenstellend.

Nach meinem Auftritt und dem dazugehörigen »Hurra, ich bin im Fernsehen!« bekam ich also noch einen großen Schwung Aufmerksamkeit, den ich sehr genoss. Kurz nach meinem ersten Fernsehauftritt folgte der zweite. Sat1 fragte bei mir an, ob ich nicht in einer Abendshow mitwirken wolle. Ich sagte natürlich sofort zu, denn das Wort »Abendshow« löste bei mir gleich Assoziationen aus, die in Richtung »Wetten, dass?« oder »Verstehen Sie Spaß?« gingen. Ich gebe zu, dass ich recht euphorisiert aus meinem ersten TV-Auftritt gekommen war.

Die Abendshow war ein Magazin, in dem ich die Wirkung und den Nutzen von Hypnose gleichermaßen demonstrieren sollte. Die Idee war, dass ich einen Patienten beim Zahnarzt hypnotisiere, sodass der Arzt keine Spritze setzen oder andere Betäubungen benutzen musste. Der Patient ließ sich glücklicherweise sehr gut in einen Dämmerzustand versetzen und der Arzt konnte seine Arbeit machen, ohne ihn betäuben zu müssen. Der Zahnarzt war besonders fasziniert von der Tatsache, dass sein Patient nicht geblutet hatte, obwohl dies eigentlich bei dieser Art von Behandlung üblich gewesen wäre. Ich hatte also wieder gezeigt, was Hypnose leisten konnte. Und das erneut vor einem riesigen Fernsehpublikum.

Von diesem Tag an hatte ich Blut geleckt und versuchte, so oft es nur ging im Fernsehen präsent zu sein, um maximale Aufmerksamkeit zu erhalten und Interesse an meiner Show zu schüren. Man kann sagen, dass das Fernsehen die Rampensau in mir vollends geweckt hat. Natürlich gab es aber zunächst einmal keine weiteren Fernsehauftritte von mir. Hypnose ist ja doch eher Nische, gerade was das Fernsehen anbetrifft.

Trotzdem schaffte ich es, medial noch präsent zu bleiben. Magazine, Zeitungen und das Radio interessierten sich weiterhin für mich. Sogar zu einem Interview bei 1Live wurde ich eingeladen. Die Dame, die mich dort interviewte, fand mich und meine Arbeit spannend, sodass sie kurz darauf meinen Namen einem ARD-Redakteur gegenüber erwähnte. Und dieser Redakteur, der eine kleine Produktionsgesellschaft in Witten besaß, fand mich dann tatsächlich interessant. Jedenfalls interessant genug, um einen Bericht über mich zu drehen, der dann in einer ARD-Sendung gezeigt wurde. Ich freute mich sehr auf die

Sendung, schaltete sie natürlich pünktlich ein und bekam vor dem Fernseher sitzend ... einen Schlag in die Fresse, um es mal ganz salopp zu formulieren.

Der Film bestand überwiegend aus irgendwelchen Bildern von Shows und Werbematerial von mir. Der Tenor des Films war: Pharo ist kriminell und steht mit einem Bein im Knast, weil er kein Heilpraktiker ist und den ganzen Kram, den er da macht, überhaupt nicht darf.

Ich war natürlich fassungslos. Nachdem ich mich wieder gefangen hatte, rief ich meinen Anwalt an. Aufmerksamkeit wollte ich, aber doch nicht so. Und schon gar nicht, wenn man offen log. Da die in der Sendung gegen mich erhobenen Vorwürfe natürlich völlig unsinnig waren, war man bei der Redaktion auch sofort bereit, in einer der folgenden Sendungen eine Gegendarstellung zu verlesen. Und nicht nur das. Der verantwortliche Redakteur verabredete sich mit mir in Paderborn zum Frühstück (er brachte sogar die Brötchen mit) und schlug mir vor, einen neuen Film zu drehen. Diesmal mit meiner direkten Beteiligung. Ich könnte auch gerne jemanden direkt vor der Kamera hypnotisieren, solange es visuell darstellbar wäre. Und Sorgen solle ich mir auch keine machen, der Film sei mein Baby und nichts würde falsch dargestellt werden. Ich war begeistert und willigte ein.

Prompt kassierte ich die zweite Ohrfeige. Ich hypnotisierte eine Krankenschwester. Die Frau hatte seit einigen Jahren Probleme, regelmäßig auf die Toilette zu gehen, weswegen sie mich fragte, ob ich ihr in irgendeiner Form helfen könne. Sie war natürlich schon bei einem Arzt gewesen, der hatte aber nichts feststellen können. Ich ging von irgendeiner Art Blockade aus und sagte ihr, dass ich es versuchen würde, gerne auch vor der

Kamera. Ich versetzte sie in den Trancezustand und regte suggestiv ihre Nierenfunktion an. Das funktionierte sogar so gut, dass sie bereits während der Sitzung zwei- oder dreimal zur Toilette rannte. Ich war zufrieden und auch das Filmteam machte den Eindruck, dass alles nach seinen Vorstellungen lief. Aber auch diese Sendung ließ mich in keinem besseren Licht dastehen. Immer wieder war meine Uhr im Bild, genüsslich machte man sich darüber her, dass es (zu jener Zeit) eine Rolex war. Martin Bolze führt ein Doppelleben, hieß es da. Auf der einen Seite kassiere er seine Probanden ab – Patienten waren es ja nicht, weil Bolze keinerlei Zulassung zu irgendetwas besaß –, auf der anderen Seite tingle er als Hypnose-Kasper durch die Welt und mache seinen Hokuspokus. Alles sehr mysteriös und vor allem unseriös.

Heute weiß ich so gut wie die meisten Menschen, dass Fernsehsendungen so produziert werden, dass sie möglichst interessant sind. Dinge werden breitgetreten und aufgeputscht, manches einfach mal weggelassen oder dazugedichtet. Hauptsache ist, dass der Zuschauer nicht das Interesse an der Sendung verliert. Damals ließ mich diese zweite Sendung an meinem Glauben in die Medien zweifeln. Ich machte eine Zeit lang einen großen Bogen um alles, was mit Radio, Zeitung und vor allem Fernsehen zusammenhing. Ich war bedient ... Und als die Sendung dann irgendwann vom Ersten irgendwo ins dritte Programm verschoben wurde, na ja, meine Trauer hielt sich in Grenzen.

Es passierte aber, dass die Medien immer wieder auf mich zukamen. Und die enttäuschte und gedemütigte Rampensau in mir knickte ein und wollte wieder herausgelassen werden. Und so ließ ich mich wieder auf Sendungen ein, die dann auch durchweg positiv über mich berichteten. Selbst wenn man zuerst skeptisch oder gar ablehnend an meine Arbeit heranging, gelang es mir, die Beteiligten zu überzeugen. Die Sendung von Margarethe Schreinemakers war so ein Fall.

»Schreinemakers live« lief ab 1992 in Sat1 und ich war dort einmal zu Gast, weil man dort etwas zum Thema Hypnose mit mir machen wollte. Genauer wusste ich es nicht. Ich saß auch nicht auf der Bühne, sondern in der ersten Reihe des Publikums. Der eigentliche Gast zum Thema war der damalige Vorsitzende der Deutschen Gesellschaft für Hypnose, der angetreten war, die Show-Hypnose, wie auch ich sie machte und mache, zu verteufeln. Das war von seiner Seite auch relativ leicht zu machen, denn damals wie heute hat die Show-Hypnose einen eher zwielichtigen Ruf. Man hält es für schwierig oder gar verwerflich, Leute, die man gar nicht kennt, zu hypnotisieren oder sie im Trancezustand Dinge tun oder sagen zu lassen, die sie im wachen Zustand nicht tun würden. Das sah und sehe ich naturgemäß völlig anders, weil ich als Hypnotiseur – zumindest auf der Bühne – nur kleine Späße mache, die erstens niemanden entwürdigen und zweitens in keiner Situation gefährlich sind oder gefährlich werden können. Hypnose ist den meisten Menschen ja eher aus dem Kino bekannt. Klassiker sind Szenen, in denen zum Beispiel eine unbescholtene Hausfrau per Telefonanruf eines Hypnotiseurs zur Attentäterin oder Massenmörderin wird. Das ist natürlich Quatsch. Mit der Arbeit eines Hypnotiseurs haben solche Szenen etwa so viel gemeinsam wie die Arbeit eines Klempners mit Super-Mario. Es sei denn natürlich, Sie kennen einen Klempner, der aus dem Stand vier Meter hoch springen kann und der permanent Prinzessinnen rettet. Dann will ich nichts gesagt haben. Bis solch ein Klempner aber auftaucht, kann auch ein Hypnotiseur nicht hexen.

Umso verwunderter war ich, als der Vorsitzende der Deutschen Gesellschaft für Hypnose genau diese Meinung vertrat. Show-Hypnose sei zu verdammen, weil sie gefährlich sei. Und überhaupt sollte Hypnose den Ärzten vorbehalten sein. Noch nicht einmal den Heilpraktikern, nur den Ärzten allein. Ich selbst wurde als Beispiel ebenfalls genannt, kam aber noch recht gut weg, weil sich alle einig waren, dass ich zu der seriöseren Sorte gehörte. Immerhin. Trotzdem empfand ich den Auftritt dieses Mannes als völlig unangebracht. Ich streite mich gerne mit Experten. Wenn ich jemanden treffe, der sich mit einem Thema etwa genauso gut auskennt wie ich, überzeuge ich ihn gerne von meiner Meinung oder lerne selbst etwas dazu. Aber der Mann, der nun dort auf der Bühne saß, wusste schlicht nicht, wovon er redete. Und solche Leute mag ich nicht. Haben keine Ahnung, wie man Hypnose schreibt, aber Hauptsache, man kann in einem Verband aktiv werden.

Es ist bis heute leider noch so, dass Menschen, die sich unter Umständen gar nicht so gut mit dem Thema auskennen und Show-Hypnose gegenüber sogar eher negativ eingestellt sind, sich gleich in die Verbandsarbeit stürzen und »Kollegen«, die schon seit fünfzehn Jahren vernünftig ihre Arbeit machen, darüber belehren wollen, wie schlecht sie doch sind. Direkt nachdem sie ein goldenes Schild mit der Aufschrift »Hypnose-Arzt« an ihre Tür geschraubt haben. Bei »Schreinemakers live« gelang es mir aber, den Herrn Vorsitzenden stumm zu bekommen. Margarethe fragte mich während der Sendung, ob ich sie nicht hypnotisieren könne. Immerhin wüsste sie gerne, worüber dort überhaupt gesprochen wurde. Ich sagte ihr, dass ich es gerne versuchen würde, aber natürlich nicht wüsste, ob es funktioniere. Ich habe mir zur Gewohnheit gemacht, bei derlei Vorführungen darauf hinzuweisen, dass es manchmal nicht klappt. Als Hypnotiseur weiß man zwar, was man kann, aber wenn der zu Hypnotisierende sich wehrt oder sich schlicht nicht darauf einlässt, dann kann man einfach nichts machen. Hypnotisieren kann man eben immer nur Leute, die es auch wollen. Ich versuchte es also und ließ Margarethe auf der Bühne einschlafen. Mehr nicht. Sie schlief einfach ein. Wobei das Wort »Schlaf« nicht ganz richtig ist, der Dämmerzustand wird nur umgangssprachlich so bezeichnet, der Einfachheit halber. Ich freute mich, dass alles so reibungslos funktionierte, und noch mehr freute ich mich, dass ich zeigen konnte, dass Show-Hypnotiseure keineswegs die Scharlatane waren, für die sie gehalten wurden.

Mir steckten die Sendungen, die negativ über mich berichtet hatten, wohl noch sehr in den Knochen, denn ich empfand ein ungeheures Gefühl des Triumphs. Und auch die Leute von »Schreinemakers live« waren angetan. Walter Karl, der damals für das Pressebüro von Margarethe Schreinemakers zuständig war, überließ mir sogar Bilder der Sendung mit der Erlaubnis, sie für meine Pressemappe zu nutzen. Ich habe dann allerdings den Fehler gemacht, mit den Bildern aus der Sendung zu werben. Auf meine Tour-Plakate ließ ich ein Bild drucken, auf dem zu sehen war, wie ich die berühmte Margarethe Schreinemakers hypnotisierte, und bekam prompt eine Unterlassungsklage von Werner Klumpe, Frau Schreinemakers damaligem Ehemann und Manager. Dagegen wehrte ich mich juristisch, bekam aber ein paar auf die Ohren. Ich hatte dann die Idee, die Bilder einfach mit dem Schriftzug »Dieses Bild wurde uns gerichtlich von Frau Margarethe Schreinemakers untersagt« zu überkleben, was zum Glück auch funktionierte. Jeder wusste selbstredend, was sich unter dem Sprüchlein verbarg, gleichzeitig verklagte mich niemand.

Ich war ab diesem Zeitpunkt wieder versöhnt mit dem Fernsehen, denn auch wenn es in der Sendung ganz klar gegen die Show-Hypnose ging, hatte ich zu keinem Zeitpunkt das Gefühl, dass man mich eingeladen hatte, um mich vorzuführen oder vielleicht sogar zu »entlarven«. »Schreinemakers live« und der kleine Prozess um meine Werbeplakate wurden Gegenstand diverser Berichterstattungen und sorgten so für enormen Auftrieb für mich. Nach dieser Sendung hatte ich zeitweise dreihundert Auftritte im Jahr. Das hatte vor mir noch niemand geschafft.

Ich bin nicht der Messias!

Mittlerweile saß ich in meinem Hotelzimmer in Wiesbaden und erwartete den Anruf von irgendwem, der mir sagte, wann es denn endlich losging mit dem Casting für »Das Supertalent«. Ich hockte mich aufs Bett und wartete. Und wie das so ist, wenn man irgendwo in der Stille hockt und auf irgendetwas wartet: Die Gedanken beginnen zu kreisen. Meine Frau hatte mich verlassen oder besser gesagt, wir hatten uns wieder einmal getrennt. Hinzu kam, dass ich nicht wesentlich mehr Geld hatte als das, was ich mit mir herumtrug. Ich war also ein Mann von Anfang fünfzig, von dem man, wenn man es bös mit mir meinte, sagen konnte, dass er von der Hand in den Mund lebte. Und der jetzt seine gesamte berufliche Zukunft dadurch zu retten hoffte, dass er in einer Talentshow möglichst gut abschnitt. Ich bin mir ziemlich sicher, dass es viele Leute gibt, die das für keine sehr gute Idee gehalten und mir ein freundliches, aber bestimmtes: »Such dir 'nen Job!« mit auf den Weg gegeben hätten. Und ich hätte es verstanden. Aber ich war trotz allem sehr überzeugt von dem, was ich tat. Ich brauchte keinen neuen Beruf, ich hatte bereits einen. Und in meinem Alter damals standen die Chancen, »Das Supertalent« zu gewinnen, in etwa genauso gut wie die, einen festen Job zu finden. Bevor man mich jetzt aber für einen völligen Tagträumer hält, sage ich gleich, dass ich durchaus des Öfteren die Idee hatte, die Show-Hypnose zugunsten einer rein »therapeutischen« Tätigkeit aufzugeben. Denn so hart das klingen mag, das meiste Geld macht man noch immer mit der Hoffnung der Verzweifelten, und wenn man eine gewisse Gleichgültigkeit an den Tag legt und man im Akkord Kranke »heilt«, dann hat man bereits nach kurzer Zeit ausgesorgt. Das war aber nie etwas, was mich gereizt hat.

Man mag es auf die erwähnte Rampensau schieben, aber für mich gab und gibt es nichts Schöneres, als auf der Bühne zu stehen. Natürlich machte ich aber damals auch, genau wie heute, sogenannte Therapien. Ich versuche aber bis heute, solche Sitzungen auf einem eher niedrigen Level zu halten, was die Anzahl angeht. Sicher ist es schön, Menschen helfen zu können, aber ich würde es nicht aushalten, den ganzen Tag nichts anderes zu machen. Und richtig schwer wird es sogar, wenn man mit falschen Erwartungen an mich herantritt, was zwangsläufig passieren würde. Als reiner Hypnose-Therapeut, der seinen Lebensunterhalt mit dieser Tätigkeit bestreitet, müsste ich zwangsläufig irgendwann Versprechen geben, die ich nicht halten kann.

Vor einigen Jahren, ich lebte bereits auf Gran Canaria, besuchte ein junger Mann aus der Schweiz eine meiner Shows, die ich in der Diskothek des damals existierenden Hotels Buenaventura machte. Nach der Show sprach er mich an und fragte, was man mit Hypnose machen könnte bei Lähmungserscheinungen. »In der Regel eigentlich nix«, antwortete ich ihm, was der Wahrheit entspricht. Er hatte sich mit einer Waffe in den Arm geschossen. Die Wunden waren längst wieder verheilt, aber die Nervenstränge in seinem Arm waren in irgendeiner Weise beeinträchtigt, sodass er weder den Arm selbst noch seine Hand bewegen konnte. Der Mann verbrachte seinen dreiwöchigen Urlaub auf Gran Canaria und wenn ich ihm nicht half, so meinte er, wäre vielleicht seine letzte Chance vertan, seinen Arm endlich wieder bewegen zu können. Da er also nicht lockerließ, traf ich mich mit ihm und versuchte, ihm zu helfen. Nach der Hypnose konnte der Mann seine Hand und den Arm tatsächlich wieder bewegen. Natürlich nicht so wie vor dem Unfall, aber es ging. Und wie ich später erfahren habe, ging es mit seiner Motorik jeden Tag weiter bergauf und wieder zu Hause in der Schweiz konnte er zurück in seinen alten Beruf als Paketfahrer, da ihm wieder beide Arme und Hände zur Verfügung standen.

Ein weiterer Fall, an den ich mich sehr gut erinnere, war der eines Mannes, der im Rollstuhl saß. Andreas war Mitte zwanzig und an Multipler Sklerose erkrankt. Bereits nach sehr kurzer Zeit verlief die Krankheit so, dass die Beine versagten und er auf den Rollstuhl angewiesen war. Er war zusammen mit seiner Mutter bei einer meiner Shows und sie war es, die mich fragte, ob es nicht möglich wäre, ihren Sohn mithilfe der Hypnose zu heilen. Am besten gleich auf der Bühne. »Um Gottes willen, nein!«, war mein erster Gedanke, denn natürlich kann kein Hypnotiseur der Welt wie Jesus die Lahmen gehen machen. An diesem Abend filmte auch ein Kamerateam von RTL meinen Auftritt und das Letzte, was ich wollte, war, mich als Wunderheiler in Szene zu setzen. Als die Frau mir aber sagte, dass der Mann recht schnell nach der Diagnose im Rollstuhl gelandet war, wurde ich neugierig. Ich zog mich mit Andreas in ein ruhiges Zimmer zurück und nach knapp zwei Stunden kamen wir wieder heraus: Ich hielt die Tür auf, der Mann schob mit wackeligen Beinen seinen Rollstuhl vor sich her. Die Betreuerin fiel bei diesem Anblick weinend auf die Knie. Wenn ich also je darüber nachgedacht hätte, als Wunderheiler durch die Welt zu ziehen, dies wäre ein guter Anfang gewesen.

Was ich machen kann, ist, Blockaden zu lösen. Und genau das war in beiden Fällen das Problem. Der junge Schweizer konnte seinen Arm nicht bewegen, weil Ärzte ihm gesagt hatten, dass dies nach seiner Schussverletzung höchstwahrscheinlich der Fall sein würde. Das hat er sich dann so lange selbst eingeredet, bis es auch tatsächlich so gekommen ist. Bei dem Mann im Rollstuhl war es ähnlich. Er erfuhr, dass er an Multipler Sklerose erkrankt war, und sein Arzt hatte ihm quasi mit dieser Aussage den Rollstuhl gleich in die Hand gedrückt. Nachdem er das grässliche Ding dann in seinem Zimmer einige Wochen angestarrt hatte, war es dann auch eines Morgens so weit: Er konnte nicht mehr laufen und mehr noch, sein Arzt erklärte ihm, dass er den Rollstuhl nie wieder werde verlassen können. Man kann in beiden Fällen also von einer Art Autosuggestion sprechen, welche die Probleme ausgelöst hat. Und genau diese Suggestion kann man als Hypnotiseur auflösen, was dann natürlich hier und da den Eindruck einer Wunderheilung erweckt. Kann ich also Lahme gehen machen oder unbewegliche Glieder heilen? Nein, natürlich nicht. Dieser Job ist Jesus vorbehalten. Ich kann nicht heilen, ich kann höchstens helfen. Bestenfalls Heilung aktivieren.

Selbstverständlich freue ich mich, wenn ich Menschen helfen kann, stolz macht es mich aber nicht. Ich bin kein gläubiger Mensch im typischen Sinne. Aber ich glaube, dass wir alle von irgendeiner Energie umgeben sind. Einer Energie, die uns steuert und gelegentlich helfend eingreift. Ich habe also nie das Gefühl, dass ich derjenige bin, der hilft. Ich mache es gemeinsam mit irgendwem oder irgendwas. Kein Grund für Stolz also. Und erst recht kein Grund für mich, diese »Heilungen« zu forcieren. Ich will nicht als Messias dastehen und gerade in Deutschland gerät man sehr schnell in diese Geistheiler-Kritik. Nicht auszudenken, das Fernsehen wäre bei der »Heilung« des Rollstuhlfahrers dabei gewesen. Man hätte mich gleich als Geistheiler mit Jesus-Komplex angeprangert, während sich vor meiner Tür Tausende von Kranken versammelt hätten, die sich von mir Linderung oder Heilung versprachen. Und wohl alle von ihnen hätte ich enttäuscht wieder nach Hause schicken müssen. Denn ich bin kein Geistheiler oder der Messias, ich bin Hypnotiseur. Und es gibt immer wieder Menschen, die mich auf der Bühne sehen mögen. Und ich liebe es nach all den Jahren nach wie vor, auf der Bühne zu stehen. Dabei macht es keinen Unterschied, ob ich reine Hypnose-Shows oder beispielsweise in größeren Hallen wie der Oberhausener Arena Rauchentwöhnungs- und Gewichtsreduktionsveranstaltungen mache.

Wobei ich zugeben muss, dass mir der Showteil doch immer eine Messerspitze mehr Freude bereitet. Die staunenden Gesichter des Publikums, wenn der langjährige Ehemann unter Hypnose seine eigene Ehefrau nicht wiedererkennt oder Menschen die einfachsten Dinge nicht mehr bewerkstelligen können, bereiten mir eine diebische Freude, die ich bei den eher gesundheitlich angelegten Auftritten naturgemäß nicht habe. Und auch deswegen konnte und wollte ich nicht einfach meinen Beruf wechseln. Und deshalb war mir der Auftritt bei »Das Supertalent«, so eigenartig ich ihn fand, auch so wichtig. Ich hatte ja durchaus bereits Erfahrungen mit den Medien und wusste: Jeder noch so kleine TV-Auftritt würde mir, wenn ich ihn nicht völlig vergeigte, wieder Auftritte für Monate bescheren. Und genau da lag das Problem. Ich wusste, wie gesagt, was ich konnte, gleichzeitig lastete aber auch ungeheurer Druck auf mir. Denn mir war bewusst, wenn mein Auftritt beim »Supertalent« nicht gut lief, dann wäre das das Ende für meine Karriere gewesen. Und das Schlimmste war, dass der Auftritt noch nicht einmal wegen mir schlecht laufen musste, es würde völlig ausreichen, wenn Dieter Bohlen, der Chef-Juror, ihn einfach für »megakacke« halten würde.

Das Telefon in meinem Hotelzimmer klingelte. Ich ging ran und eine freundliche Stimme stellte sich als Mitarbeiter der Produktionsfirma Grundy vor. Ein Wagen erwarte mich vor dem Hotel, um mich ins Studio zu bringen. »Na dann«, sagte ich zu mir selbst und stand vom Hotelbett auf.

Nur mal schnippen

Obwohl schon einige Zeit vergangen ist, werde ich noch immer auf meine Auftritte beim »Supertalent« angesprochen. Hauptsächlich in meiner Funktion als der »Mann, der Sylvie van der Vaart hypnotisierte«. Als sei dies eine ganz besondere Kunst gewesen, die nur eine Handvoll Menschen auf diesem Planeten beherrschen. Wenn überhaupt. Tatsächlich fällt es mir bis heute schwer, mich in Menschen hineinzufühlen, für die Prominente einen besonderen Reiz haben. Oder die mich selbst als Prominenten bewundern. Interessant finde ich immer, wenn ich beispielsweise von einem Kamerateam begleitet durch eine Fußgängerzone gehe, um für einen kleinen Fernsehbeitrag jemandem mit einer Blitz-Hypnose die Lust auf eine Zigarette zu nehmen, und die Passanten augenblicklich damit anfangen, ihre Handys und Kameras zu zücken, um mich zu fotografieren, mich dann aber gleich nachdem sie ein Bild gemacht haben, fragen, wer ich denn überhaupt sei. Das finde ich äußerst seltsam. Vielleicht liegt meine unaufgeregte Einstellung zu jeder Form von Prominenz auch daran, dass ich bereits in jüngeren Jahren immer wieder mit Prominenten zu tun hatte. Sei es beruflich oder privat. Mit Menschen wie etwa Jürgen Drews bin ich seit Jahrzehnten befreundet. Aber: Der hat ´nen Kameramann dabei und kann hypnotisieren, also ist das ein Promi, scheinen die

Leute zu denken. Ich will jetzt gar nicht bescheidener klingen, als ich tatsächlich bin, aber Hypnose ist, wie erwähnt, weder Hexenwerk noch irgendeine magische Kraft, die man nur in dubiosen Zirkeln erlernt. Jeder kann es. Echt.

Als ich zum ersten Mal mit Hypnose in Berührung kam, war ich fünfundzwanzig oder sechsundzwanzig Jahre alt. Ich arbeitete als Animateur und DJ auf Mallorca, aber meine Auftritte wurden immer seltener. Hinzu kam, dass beide Tätigkeiten sehr stark saisonabhängig waren. Im Frühling und im Sommer, wenn es auf der Insel vor Touristen nur so wimmelte, hatte ich mehr als genug zu tun, im Herbst und im Winter hingegen war ich doch eher unterbeschäftigt, was sich dann auch auf meinem Konto deutlich niederschlug. Ein Bekannter von mir, Peter Peters, trat schon seit einigen Jahren unter dem Namen Pietro Mercury als Show-Hypnotiseur auf und suchte nach jemandem, der für ihn den technischen Bereich, also Licht, Ton und den ein oder anderen Effekt, abwickeln konnte. Und da ich als Discjockey mit technischem Gerät absolut umgehen konnte, fragte er mich, ob ich nicht Zeit und Lust hätte. Zwar musste ich für diesen Nebenjob für einige Zeit nach Deutschland zurück, aber mir blieb finanziell gesehen keine Wahl, also sagte ich zu. Pietro machte seine Auftritte in Lübeck in einer Diskothek, die sich auf einem Schiff befand. Und ich sorgte dafür, dass man ihn gut verstand und die Halle in nettes, atmosphärisches Licht getaucht war.

Einer von Pietros Nummern war eine kleine Massenhypnose, das heißt, er versetzte die gesamten anwesenden Zuschauer in Trance. Eine sehr spektakuläre Sache, die ich selbst auch heute mache, allerdings weniger zu Showzwecken, vielmehr nutze ich die Suggestion für Rauchentwöhnungen und Ähnliches. Eines Abends stand Pietro auf der Bühne und versuchte, die Zuschauer allesamt in Trance zu versetzen, was auch weitestgehend funktionierte. Ich hockte auf dem Rand der Bühne und sah mir seinen Auftritt fasziniert an, bis ich bemerkte, dass eine Frau, etwa einen halben Meter von mir entfernt, im Gegensatz zu den anderen Zuschauern noch immer hellwach war und zur Bühne sah. Ich weiß heute gar nicht mehr, was ich mir dabei gedacht habe, aber als ich sah, dass Pietro die Leute hypnotisierte und diese Frau partout nicht in Trance fallen wollte, schnippte ich vor ihrem Gesicht mit den Fingern und sagte: »Schlaf jetzt.« Und der Kopf der Frau kippte augenblicklich nach vorne. Ich lächelte und sah mir weiter Pietros Auftritt an, der zwar mitbekommen hatte, was ich gerade getan hatte, aber zumindest in diesem Moment nicht darauf einging. Er machte weiter sein Programm, weckte schließlich das Publikum und ging unter dem Beifall der Anwesenden von der Bühne.

Ich folgte ihm und wollte mich daranmachen, die Technik abzubauen, als er sich plötzlich stinksauer zu mir herumdrehte und mich anbrüllte, ob ich noch alle Tassen im Schrank hätte, irgendwelche Leute zu hypnotisieren, obwohl ich keinerlei Ahnung davon hätte. Ob mir denn überhaupt nicht klar gewesen wäre, wie gefährlich und unverantwortlich ich gehandelt hätte. Ich war völlig baff und antwortete, dass ich doch überhaupt nichts getan hätte, außer einmal kurz mit den Fingern zu schnippen. Pietro beruhigte sich langsam wieder und erklärte mir, dass er außerordentliches Glück gehabt hätte, dass die Frau wieder aufgewacht sei, denn jemanden aus der Trance holen kann in der Regel auch nur derjenige, der auch für diesen Zustand verantwortlich ist. Und wenn die arme Frau nicht wieder wach geworden wäre, hätte ich sie wieder aufwecken müssen. Und das, ohne eine Ahnung zu haben, wie so etwas funktioniert. Ich sah ein, dass mein kleiner Eingriff in die Hypnose-Show absolut unverantwortlich gewesen war. Aber ich begann, mich für das Thema Hypnose zu interessieren. Pietro besaß natürlich eine ganze Menge Bücher zu diesem Thema, die ich mir alle der Reihe nach auslieh und regelrecht verschlang.

Meine Jobs als DJ und Animateur waren weniger Herzensangelegenheit, sie dienten mehr dem schnöden Geldverdienst, sodass ich mich nach und nach mit dem Gedanken anfreundete, diese Jobs sausen zu lassen und ebenfalls mein Glück als Hypnotiseur zu versuchen. Ich eignete mir immer mehr Wissen an, zuerst durch Bücher, schließlich auch durch die Praxis. Ich erklärte Freunden und Bekannten, dass ich nun Hypnotiseur wäre und einmal sehen wollte, ob es auch bei ihnen klappte. Und das tat es. Früher funktionierte wesentlich weniger als heute, denn alles steckte ein wenig in den Kinderschuhen und man traute sich nicht sehr viel zu. Man beschränkte sich bei der Show-Hypnose auf kleinere Spielchen, um es mal so zu sagen. Man brachte Leute dazu, ihren Namen zu vergessen, oder redete ihnen ein, dass sie ihre Hände nicht mehr auseinanderbekämen. Kleine Dinge, die man heute hauptsächlich bei Massenhypnosen benutzt, weil eine recht simple Technik dahintersteckt, die in der Regel immer funktioniert.

Heutzutage traut man sich als Hypnotiseur mehr zu und probiert auch schon einmal gewagtere Dinge, setzt sich aber damit auch dem weitaus höheren Risiko aus, zu scheitern, weswegen man die komplizierteren Sachen auch kaum im Fernsehen zu sehen bekommt. Welcher Hypnotiseur stellt sich schon gerne schulterzuckend vor eine Fernsehkamera und sagt: »Sorry, hat nicht geklappt«? Durch meine Erfolge im Bekanntenkreis verfestigte sich jedenfalls mein Vorhaben, in Zukunft als Show-Hypnotiseur meinen Lebensunterhalt zu verdienen. Ich hatte ja bei Pietro tagtäglich erlebt, dass man mit Hypnose finanziell mehr als nur gut über die Runden kam.

Außerdem gefiel mir der Gedanke, auf der Bühne zu stehen und von einem begeisterten Publikum Aufmerksamkeit und Anerkennung zu bekommen, die ich im Privaten in dieser Form nie bekommen hatte und bekommen würde. Pietro war von meiner Idee wenig begeistert. Hypnose war zu dieser Zeit ein sehr wenig beackertes Feld und wenn dann ein Martin Bolze plötzlich aufsprang und sagte: »Hey, ich kann das auch und mache dir Konkurrenz!«, dann kann man sich seine Begeisterung vorstellen. Auch die anderen Leute, die sich zu dieser Zeit mit Show-Hypnose befassten, waren wenig angetan von dem Neuling Bolze. Man fand, ich solle bleiben, wo der Pfeffer wächst. Bevor ich aber zu ernsthafter Konkurrenz heranwachsen konnte, ging ich zunächst nach Fuerteventura, um dort als Animateur mein Geld zu verdienen, denn den Job als Techniker war ich nun los. Meinen neuen Job als Animateur »garnierte« ich immer wieder mit kleineren Hypnose-Einlagen, was immer auf große Begeisterung stieß. Und mit der Zeit wurde der Hypnose-Teil immer größer und der Betreiber des Hotels, bei dem ich angestellt war, fragte mich, ob ich nicht Lust hätte, eine reine Hypnose-Show zu machen, immerhin stießen meine Auftritte immer auf große Resonanz. Das musste man mich natürlich nicht zweimal fragen. Zu dieser Zeit träumte ich immer von der Show auf der großen Bühne, Hypnose rein therapeutisch einzusetzen, war mir eigentlich nie in den Sinn gekommen. Ich wusste natürlich, dass man bestimmte Techniken durchaus einsetzen konnte, um Menschen zu helfen, aber das interessierte mich vorläufig nur wenig.

Nach meinen Shows kamen immer wieder einmal Fragen aus dem Publikum, ob man Hypnose auch gegen Depressionen, Schmerzen, Angstzustände oder auch mangelndes Selbstbewusstsein einsetzen könnte, was ich immer relativ theoretisch beantwortete. Ich wusste zwar, dass dies in einzelnen Fällen sicher funktionieren konnte, aber erstens sah ich mich nicht als Therapeuten, zweitens interessierte es mich auch nicht wirklich. Bis mich auf Fuerteventura ein achtzehnjähriges Mädchen aus Hamburg um Hilfe bat. Sie hatte immer sehr viel und gerne Tennis gespielt, hatte nun aber leider Arthrose in einem Kniegelenk. Sie fragte mich, ob ich da nicht etwas tun könne. Ich sagte ihr, dass ich es gerne einmal versuchen würde, aber an der Ursache nichts ändern könnte, höchstens am Schmerz. Sie willigte ein und tatsächlich fühlte sich ihr Knie direkt nach der Hypnose wunderbar an, wie sie sagte. Als sie wieder in Deutschland war, schrieb sie mir einen Brief, in dem stand, dass sie mittlerweile den Arzt gewechselt hätte. Und dieser hätte ihr gesagt, dass sie überhaupt nicht an Arthrose litt, sondern »nur« eine angebrochene Kniescheibe gehabt hatte. Sie bedankte sich trotzdem, dass sie durch meine Hilfe wieder Tennis spielen konnte. Ich war ebenso beeindruckt wie sie. Ich hatte nur durch Hypnose dafür gesorgt, dass das Mädchen mit einer angebrochenen Kniescheibe Tennis spielte, schmerzfrei ...

Ich befasste mich nun intensiver mit dem Thema und wollte neben der Show nun auch die medizinischen Aspekte der Hypnose kennenlernen. Und auch wenn dies in meinem Bekanntenkreis gelegentlich für Erstaunen sorgte, war man doch sehr interessiert daran, was ich da eigentlich so trieb. Die häufigste aller Fragen lautete natürlich: Was genau machst du eigentlich beruflich? Hypnose und alles, was damit im Zusammenhang steht, wird von den meisten Menschen noch immer sehr argwöhnisch betrachtet. Wenn man sagt, man sei Hypnotiseur, erntet man oft die gleichen Blicke, als wenn man behauptet hätte, man finde Wasseradern mithilfe von Wünschelruten, könne Gedanken lesen oder heile Krebs durch Handauflegen. Aus unterschiedlichsten Gründen befindet sich in den Gehirnen der Menschen die Vorstellung darüber, was genau Hypnose ist, am selben Ort, wo sich die Vorstellungen über Hokuspokus, schwarze Magie und anderen Unfug befinden. Tatsächlich gibt es sogar bis heute Hypnotiseure, die behaupten, man brauche besondere Fähigkeiten oder gar irgendeine Art Gabe, um Hypnose praktizieren zu können. Tatsache ist, dass nicht jeder hypnotisieren kann. Wenn man einen anderen Menschen hypnotisieren will, muss man drei wichtige, äußerst schwer zu erfüllende Bedingungen erfüllen: Erstens: Man muss geistig halbwegs gesund sein. Zweitens: Man muss eine Frau sein. Ist man keine Frau, muss man ein Mann sein. Drittens: Man muss die Kenntnisse haben, wie man hypnotisiert, und man muss den Mut haben, diese anzuwenden. Wie man sieht, ist es nahezu unmöglich, diese Bedingungen zu erfüllen und so in den erlauchten, ja magischen Kreis jener aufzusteigen, die Hypnose praktizieren.

Ich selbst habe die praktische Seite der Hypnose ebenfalls mit der Methode Learning by doing gelernt. Und auch wenn ich gern etwas anderes behaupten würde, lag dies nicht etwa daran, dass ich eine besondere Gabe hatte oder habe, sondern daran, dass es tatsächlich nicht besonders schwierig ist, Hypnose zu erlernen. Streng genommen unterscheiden nur einige Kenntnisse den Hypnotiseur von jemandem, der nicht hypnotisiert. Wie simpel Hypnose sein kann, wird am deutlichsten bei den sogenannten Blitzhypnosen.

Sat1 begleitet mich regelmäßig mit einem Kamerateam, um mich dabei zu beobachten, wie ich beispielsweise in Fußgängerzonen zufällig ausgewählte Passanten, also Freiwillige, hypnotisiere. Bei diesen Blitzhypnosen, die, wie der Name schon sagt, sehr schnell vonstattengehen, soll meist nicht viel mehr erreicht werden, als dass die Leute irgendetwas Witziges machen oder mal ganz spontan das Rauchen aufgeben. Wobei man im letzteren Fall die Menschen meist nur dazu bringen kann, den Rauch von Zigaretten eine gewisse Zeit lang als eklig zu empfinden. Für eine echte, lang anhaltende Rauchentwöhnung ist meist eine tiefer gehende Sitzung nötig. Aber für kleine Gags oder Showeffekte ist eine Blitzhypnose ideal.

Man hypnotisiert das Medium, also den Freiwilligen, lässt es ein paar lustige Dinge machen oder sagen und dann weckt man es wieder auf. Geht schnell, ist unterhaltsam, alle staunen. Hexenwerk ist das aber beileibe nicht.

Beim Sat1 Frühstücksfernsehen gab es Mitte 2014 ein Paradebeispiel zu sehen. Ich saß auf der Couch und hypnotisierte Moderator Matthias Killing. Als er in Trance gefallen war, gab ich ihm ein, dass es sich bei seinem Kollegen Ingo um niemand anderen als Angelina Jolie handele. Und ich bat ihn, zu ihr zu gehen, sie zu begrüßen und ihr etwas Nettes ins Ohr zu flüstern. Als ich Matthias weckte, sah er Ingo, ging strahlend auf ihn zu, umarmte ihn und sagte ihm, dass er toll aussehe. Als ich ihn fragte, ob er denn wisse, mit wem er da sprach, antwortete er: »Natürlich. Das ist Angelina Jolie.« Natürlich verursacht so eine Reaktion Staunen und noch immer glauben eine Menge Menschen, dass es sich um eine Art Trick handelt. Dass der Moderator etwa nur schauspielert und mit mir unter einer Decke steckt. Alles abgesprochen, um den arglosen Zuschauer hinters Licht zu führen. Wer so etwas behauptet, weiß nicht, wie simpel Hypnose sein kann. Viel simpler, als mit Absprachen oder Tricks zu arbeiten allemal. Wie so eine Blitzhypnose, wie ich sie mit Matthias Killing durchgeführt habe, funktioniert, will ich an dieser Stelle gern verraten:

Wichtige Voraussetzung für eine erfolgreiche Hypnose ist erstens, dass ich jemanden habe, der sich freiwillig hypnotisieren lassen möchte, was bei Matthias absolut der Fall war. Denn ganz gleich, was irgendwelche Filme und Bücher immer behaupten, jemanden gegen seinen Willen zu hypnotisieren, funktioniert nicht.

Zweitens ist es wichtig, dass der Freiwillige glaubt, dass es sich bei dem, der ihn nun hypnotisieren möchte, auch tatsächlich um jemanden mit den entsprechenden »Fähigkeiten« handelt. Nur wenn man mir den Hypnotiseur auch abnimmt, kann ich jemanden hypnotisieren. Ist wirklich so. Es gibt immer wieder Menschen, die sich für meine Seminare anmelden, um Hypnose zu erlernen, und dann hinterher völlig enttäuscht sind, dass »das ja gar nicht klappt«. Und natürlich klappt das nicht. Den Fehler, den diese Leute machen, ist der, dass sie nach Hause gehen und sofort ihren Freund oder Ehepartner oder einen Elternteil zu hypnotisieren versuchen. Und diese sich natürlich auf Teufel komm raus weigern, in Trance zu fallen. Und das hat einen ganz simplen Grund, nämlich den, dass sie dem Hypnotiseur gar nicht glauben, dass er einer ist. Und mal ehrlich: Wieso sollte Lieschen Müller, die gestern noch bei der Sparkasse ihre Überweisung entgegengenommen hat, plötzlich über diese mysteriösen und okkulten Kräfte verfügen, jemanden seines Willens zu berauben? Ich empfehle immer, zuerst jemanden zu hypnotisieren, der einen nicht kennt. Oder zumindest nicht gut. Und in den meisten Fällen funktioniert es dann auch. Denn wenn ein Freund jemanden als Hypnotiseur vorstellt, sieht die Welt für den Freiwilligen schon ganz anders aus, da er gleich viel empfänglicher für die Hypnose ist.

Aber zurück zur Blitzhypnose, deren Geheimnis ich ja verraten wollte. Wir haben also einen Freiwilligen, der gleichzeitig auch glaubt, dass man die Fähigkeit hat, jemanden zu hypnotisieren. Nun lässt man den zu Hypnotisierenden sich in einer möglichst bequemen Position auf einen Gegenstand konzentrieren, den man ihm in etwa dreißig Zentimeter Entfernung vor das Gesicht hält. Wenn man keinen Gegenstand zur Hand hat, tut's zur Not auch ein Finger. Aber glänzende Gegenstände sind besonders geeignet, weil sie in der Regel besser aussehen als der eigene Finger. Wichtig ist, dass man den Gegenstand vor dem Gesicht so positioniert, dass der Freiwillige leicht aufwärts blicken muss. Dies ist für die Augen recht anstrengend, weswegen sie schnell ermüden. Nun bittet man den Freiwilligen, sich auf den Gegenstand zu konzentrieren und ihn nicht aus dem Blick zu verlieren. Diese Konzentrationsaufgabe ermüdet die Augen noch einmal zusätzlich. Jetzt ist der Zeitpunkt gekommen, dem Freiwilligen mit ruhiger Stimme etwas zu sagen wie etwa: »Ihre Augen werden müde und schwer.« Man kann diesen Satz auch mehrmals wiederholen. Wichtig ist nun, die Pupillen des Freiwilligen zu beobachten. Denn nach einiger Zeit wird man sehen, dass diese reagieren. Sie weiten sich einen kurzen Moment, dann verengen sie sich wieder. Diesen Moment darf man als Hypnotiseur nicht verpassen. Denn sobald die Pupillen reagieren, muss man dem Freiwilligen sagen, dass er nun müde wird. Müde und immer müder. Und dass sich seine Augenlider bleischwer anfühlen. Und er gleich einschläft. Und auch einschlafen soll. Tief schlafen. Ganz tief und fest einschlafen ... Und dann wird auch genau das passieren. Fertig. Hypnose erfolgreich durchgeführt. Wenn man jetzt nichts weiter macht, dann schläft der Freiwillige und wacht irgendwann einfach auf. Aber wenn man schon jemanden in Trance hat, dann möchte man ihm natürlich auch etwas »eingeben«, also sagen, was er zu tun oder zu sagen hat, wenn er wieder wach ist. Man könnte ihm beispielsweise sagen, dass Angelina Jolie im Raum ist, auch wenn sie aussieht wie ein Arbeitskollege. Der Freiwillige wird keinen Unterschied feststellen. Und das aus folgendem Grund: Glaube, Einbildung und Vorstellung sind die Schlüssel zu einer funktionierenden Hypnose. Wenn man dem Freiwilligen sagt, dass seine Augen immer schwerer und müder werden, dann sagt man ihm nur das, was ja tatsächlich durch die erwähnte Anstrengung der Augen eintrifft. Beim Freiwilligen geschieht etwas und der Hypnotiseur stellt dies lediglich fest. Aber der Freiwillige glaubt, dass seine Augen schwer werden, weil ihm der Hypnotiseur dies sagt, ihm dies quasi »befiehlt«. Das, was der Hypnotiseur vorhersagt, trifft also körperlich spürbar ein. Und somit schaltet sich eine wichtige Funktion des Gehirns ab, welche ich als Kritik bezeichne. Diese Kritik überprüft und hinterfragt. Aber wenn Dinge, die der Hypnotiseur sagt, tatsächlich eintreffen, dann hat die Kritik keine Aufgabe mehr und sie macht Pause. Wenn man dem Freiwilligen nun sagt, dass er müde wird und einschläft, dann schläft er auch ein. Denn was der Hypnotiseur sagt, passiert auch, nicht wahr? Der Freiwillige schläft nun, ganz so, als ob er abends im Bett liegen würde. Der einzige Unterschied ist der, dass das Gehör noch aktiv ist. Das Gehör bleibt wach als Brücke und Verbindung zwischen dem Hypnotiseur und seinem Freiwilligen. Und das Gehörte dringt direkt in das Unbewusste, umgangssprachlich Unterbewusstsein genannt, vor und wird dort als eigener Wille betrachtet. Wenn man dem Freiwilligen nun eingibt, dass der Arbeitskollege Angelina Jolie ist, dann IST der Kollege Angelina Jolie, denn das Unterbewusstsein »glaubt«, es kenne Angelina Jolie und wüsste, wie sie aussieht. Ob Frau Jolie für alle anderen wie ein Arbeitskollege, ein Stock oder eine Flasche Kräuterlimo aussieht, spielt da absolut keine Rolle. Für den Freiwilligen ist es völlig klar, wer ihm da gegenübersteht, denn die Kritik, deren Aufgabe es wäre, den Irrtum richtigzustellen, ist abgeschaltet. Und auch der Eigenwille schläft, also bleibt dem Freiwilligen nichts übrig, als den Willen des Hypnotiseurs als den allein gültigen anzuerkennen und auszuführen. Das ist der ganze Vorgang. Das ist Hypnose. Jetzt kann man natürlich einwenden, dass man mich bereits bei verschiedenen Hypnose-Veranstaltungen gesehen hat. Und dass ich bei diesen den Menschen weder in die Augen geschaut noch glänzende Gegenstände vor das Gesicht gehalten habe, als ich sie hypnotisierte. Das stimmt, es geht auch anders. Der oben geschilderte Vorgang der Blitzhypnose war nur eine kleine Übung für Interessierte.

Um der Wahrheit die Ehre zu geben, muss ich natürlich erwähnen, dass man nun noch nicht in der Lage sein wird, eine große Hypnose-Show zu stemmen. Dafür gilt es noch eine ganze Menge anderer Techniken zu lernen. Und Erfahrung und Empathie spielen auch eine große Rolle.

Im Grunde unterscheiden sich die verschiedenen Techniken aber nicht von der bereits geschilderten. Man muss sie eben nur kennen und sich trauen, sie auch umzusetzen. Und alles, was ich gerade gesagt habe, konnte man in gebündelter Form beim »Supertalent« 2015 beobachten, bei dem gleich zwei Hypnotiseure um die Gunst des Publikums und der Jury kämpften.

Der erste Kandidat versuchte, Bruce Darnell zu hypnotisieren, was ihm aber trotz aller Anstrengungen nicht gelang. Ich kann nun die Qualität dieses Hypnotiseurs nicht beurteilen, aber für mich war ganz klar, woran er scheiterte: an

Bruce. Dieser war ganz offensichtlich nicht bereit, sich auf die Hypnose einzulassen. Und genau deswegen funktionierte sie auch nicht.

Der zweite Kandidat war ähnlich aufgeregt wie der erste und wollte ebenfalls mit Hypnose beeindrucken. Dieses Mal gelang es teilweise. Bruce und drei Freiwillige ließen sich anstandslos in Trance versetzen, die darauf folgenden Eingaben des Mannes kamen jedoch nur teilweise an.

Die Sendung war also wahrlich keine Sternstunde der Hypnosekunst, aber ich sage das ganz ohne Häme. Hypnose ist nun einmal auch harte Arbeit und es reicht eben einfach nicht, sich zwei, drei Kunststückchen anzueignen und dann damit ins Fernsehen zu gehen. Erfahrung ist einfach unglaublich wichtig und den Mangel an Erfahrung konnte man beiden Hypnotiseuren deutlich ansehen und vor allem anhören (Stichwort: Schnappatmung).

Aber wie ich hoffentlich trotzdem deutlich machen konnte, hat das reine Hypnotisieren nichts mit magischen Kräften oder besonderen Gaben zu tun. Man muss einfach ein paar Techniken kennen und sich trauen, sie anzuwenden. Und wenn man dann noch ein paar Show-Elemente hinzufügt und sich einen coolen Namen gibt, etwa Pharo, dann kann man von Hypnose, auch wenn sie einfacher ist, als die meisten Menschen glauben, super leben. Na ja, zumindest so gut, dass ich die Frage, was ich beruflich mache, eindeutig mit »Ich bin Hypnotiseur« beantworten kann.

Kleine Erfolge

Gerade nach »Das Supertalent« und den darauffolgenden Sendungen und Dokumentationen, in denen ich zu sehen war, bekam ich immer öfter mit, was es bedeutet, ein Prominenter zu sein. Glücklicherweise kann ich bis heute unbehelligt einkaufen gehen, ohne dass sich kreischende Teenies versammeln – mein Alter und mein Beruf sortieren da schon ordentlich aus –, aber ich bin doch immer wieder erstaunt, wie viele Leute es gibt, die einen bewundern und anhimmeln, und das nur, weil man auf einer Bühne steht oder im Fernsehen zu sehen ist. Über die Jahre habe ich bereits mit sehr vielen Prominenten zusammengearbeitet, teils, weil sie mich ganz einfach um Hilfe gebeten haben, teils, weil ich schon seit Jahren mit ihnen befreundet bin. Seit meiner frühesten Jugend habe ich Kontakt zu prominenteren Menschen und wenn man erst einmal ihre – beruflichen wie privaten – Höhen und Tiefen erlebt hat, dann kann man praktisch gar nicht mehr anders, als sie als das zu sehen, was sie sind: normale Leute. Dass die meisten von ihnen, etwa Frank Zander oder Jürgen Drews, Musiker sind, ist kein Zufall. Anfang der siebziger Jahre, ich war etwa fünfzehn, begann ich, mich immer mehr und immer intensiver für Musik zu interessieren. Ich hörte mir jede Platte an, die ich in die Finger bekam, ganz gleich, ob Schlager, Rock oder die damals recht neue Disco-Musik. Mich interessierte alles. Ich habe bereits zu meiner Schulzeit verschiedenste Nebenjobs gemacht und beinahe das gesamte Geld, das ich verdiente, in meine Plattensammlung gesteckt.

Zu dieser Zeit fand eine unserer Feiern, die wir gelegentlich mit der Schulklasse veranstalteten, im Paderborner York-Club statt. In der Gegend, in der ich aufwuchs, war dies die einzige Disco, die auch tatsächlich einen Discjockey beschäftigte – ein Beruf, den ich damals völlig faszinierend fand. Auf dieser Klassenfeier lernte ich auch den Chef des Clubs, Kurt, kennen. Ich sagte ihm gleich, dass ich auch gerne Discjockey sein würde und dass ich diesen Beruf auch natürlich beherrschte wie kaum ein anderer. Ich habe ziemlich dick aufgetragen, aber ich hatte gehört, dass Georg, der eigentliche DJ des Ladens, sich mit Kurt überworfen und seinen Job hingeschmissen hatte. Und diese Chance wollte ich mir nicht entgehen lassen. Kurt war natürlich entsprechend skeptisch und machte mich darauf aufmerksam, dass man diesen Beruf lernen müsse und es nicht ausreichte, sich einfach vor einen Plattenspieler zu stellen. Aber ich ließ nicht locker, bis er schließlich sagte, dass man es ja mal mit mir probieren könne. Ein Grund war bestimmt auch, dass ich mit meinen fünfzehn Mark Gage pro Abend sicher deutlich günstiger war als mein Vorgänger Georg. Aber ich freute mich und war unendlich stolz. Und auch Kurt war immer ausgesprochen freundlich zu mir, mit den Jahren entstand zwischen uns eine richtige Freundschaft. Für ihn war es ja auch nicht ganz ungefährlich, mich Platten auflegen zu lassen, denn mit meinen fünfzehn Jahren hatte ich in Discos zumindest ab zweiundzwanzig Uhr nichts mehr zu suchen. Wenn die Polizei da mal rein zufällig aufgetaucht wäre, hätte er ordentlich Ärger bekommen. Ich ging völlig in meinem neuen Job auf. Ich spielte ABBA und die anderen typischen Disco-Sachen, aber meine persönlichen

Lieblinge waren immer die Sachen von Motown, also Stevie Wonder, Diana Ross, Ray Charles und all die anderen Musiker, die das machten, was man heute Black Music nennt.

Als 1974 dann George McCrae mit »Rock your baby« in Deutschland einen Nummer-eins-Hit hatte, spielte ich auch den rauf und runter. Zu der Zeit lernte ich auch erstmals Reggae kennen, besonders mochte ich Jimmy Cliff, über den ich dann auch erstmals Kontakt zu dem noch eher unbekannten Bob Marley bekam. Kurz: Ich liebte meinen Job. Ich bekam Geld dafür, mich an Hunderten von Schallplatten bedienen zu dürfen, und was nicht da war, das wurde von Kurt angeschafft.

Meine Eltern waren natürlich weit weniger begeistert. Im ostwestfälischen Peckelsheim, wo ich geboren und aufgewachsen bin, geht man die Dinge naturgemäß etwas konservativer an. Gerade mein Vater wollte, dass ich einen vernünftigen Beruf erlernte. Man schickte mich aufs Gymnasium, damit ich Lehrer werden sollte. Dabei ging es meinen Eltern hauptsächlich um den Beamtenstatus, den man in diesem Beruf innehatte. Beamter, das war ein Job fürs Leben. Lehrer wollte ich zwar nie werden, aber tatsächlich habe ich mich nach der Schule bei der Polizei beworben, aber man hat mich nicht genommen, weil ich bei den Sporttests durchgerasselt bin. Für mich damals eine Katastrophe. Ich hatte mich immer für sportlich gehalten, und nun schriftlich zu bekommen, dass dem nicht so war, hat mich hart getroffen. Aber nur ein guter Schwimmer zu sein, der ich damals war, reichte offenbar nicht aus. Jedenfalls hatten meine Eltern andere Pläne mit mir, weswegen ich meinen DJ-Job zunächst heimlich ausübte. Ich ging zur Schule, machte meine Hausaufgaben und verschwand dann nach Paderborn, um dort aufzulegen. Lange ging das natürlich nicht gut. Ich erinnere mich an einen Abend, als ich mich nachts um drei ins Haus schlich und mein Vater bereits hinter der Wohnungstür auf mich wartete. Was soll ich sagen: Ich habe eine ordentliche Tracht Prügel bekommen. Von da an musste ich äußerst vorsichtig sein mit meinem Job. Ich ging seltener in den York-Club und blieb auch nicht mehr bis spät in die Nacht, sodass sich mein Job als Discjockey nach und nach erledigte, da es kein Dauerzustand war, dass ich nur arbeitete, wenn zu Hause gerade die Luft rein war. Aber ich hatte Blut geleckt.

Für mich war von diesem Moment an klar, dass ich von der Musik leben wollte. Zunächst wollte ich mein Glück als Sänger versuchen. Es gab immer wieder die Möglichkeit, in verschiedenen Läden bei kleineren Gesangsabenden mitzumachen, die man heute wohl Karaoke nennen würde. Damals wurde Orchestermusik eingespielt und man konnte im Grunde jeden Text, der einem gefiel, dazu singen. Da ich als Musikfan jeden Text kannte, sang ich die Originaltexte. Und ich fand mich gut und auch der ein oder andere fand mich gut, sodass ich eine ernsthafte Karriere als Sänger ins Auge fasste. Ich hatte mich mit den Jahren schon an so ziemlich jedem »Jeder kann mitmachen«-Wettbewerb beteiligt und so ganz nebenbei mit sechzehn auch meine erste Freundin Marina kennengelernt. Meine Interpretation von Rocco Granatas »Marina, Marina« kam bei ihr so gut an, dass ich noch am selben Abend meine Jungfräulichkeit an sie verlor. Ich hatte ja gesagt, dass ich als Sänger ganz gut war ... Das machte mir großen Spaß – ich rede wieder von meinem Hobby, dem Singen – und mit der Zeit wusste so ziemlich jeder, dass ich gerne und oft sang.

Einen meiner Ferienjobs hatte ich bei der DLRG in Blekendorf in Schleswig-Holstein. Die Leute, mit denen ich dort gemeinsam arbeitete, erfuhren natürlich auch, dass ich gerne sang und meine berufliche Zukunft in diesem Bereich sah.

Eines Tages lasen wir in der Zeitung, dass es einen Gesangswettbewerb gab, moderiert von Dieter Thomas Heck. Dort konnte sich jeder anmelden, der sich dazu berufen fühlte. Meine Bekannten drängten darauf, dass ich mich dort anmeldete, denn immer nur zu sagen, dass ich singen konnte, ohne ihnen das je zu beweisen, das ging in ihren Augen nicht. Der Wettbewerb fand einen Tag nachdem wir den Zeitungsbericht gelesen hatten, im Maritim-Hotel am Timmendorfer Strand statt, also nur eine knappe Stunde von Blekendorf entfernt. Trotzdem freute ich mich zunächst nicht über diese eigentlich großartige Chance, denn in diesem Moment begann gerade der letzte Tag meines dreitägigen Katers, den ich dem ersten Vollrausch meines Lebens zu verdanken hatte. Man hatte es lustig gefunden, mich abzufüllen, indem man in mein Bier Korn kippte, und so war ich mit meinen fünfzehn Jahren bereits nach zwei Bieren körperlich am Ende. Und in jenem Moment, in dem ich von dem Talentwettbewerb las, fühlte ich mich noch immer so, als würde ich jeden Moment den Löffel abgeben. Aber da man ja unbedingt den Beweis haben wollte, dass ich nicht nur tat, als könnte ich singen, ließ ich mich breitschlagen und meldete mich an.

Einen Tag später machten wir uns dann mit einigen Mann auf den Weg, und das, obwohl ich mich längst noch nicht transportfähig fühlte. Im Hotel angekommen, ging dann alles recht schnell. Ich meldete mich an und nur wenige Stunden später stand bereits Dieter Thomas Heck auf der Bühne und kündigte mich an. Das klingt aber nun, wo ich es schreibe, weit aufregender, als es tatsächlich war, denn Herr Heck moderierte mit mir an diesem Tag den vermutlich tausendsten Teilnehmer an – wie das so ist bei offenen Talentwettbewerben.

Ich ging auf die Bühne und das Adrenalin ließ mich meinen Kater sofort vergessen. Das Publikum bestand überwiegend aus älteren Damen, die wohl eher wegen Dieter Thomas Heck dort waren als wegen irgendwelcher zu entdeckender Talente. Ich gab dennoch mein Bestes und tatsächlich schienen dem Publikum meine Versionen von »Hello, Mary Lou« und »Der kleine Prinz« zu gefallen. Und irgendein Begleiter von Heck sprach mich nach meinem Auftritt sogar an und sagte, dass ich mit meiner Art den Wettbewerb ganz sicher gewonnen hätte. Ich konnte mein Glück gar nicht fassen und wartete ungeduldig den Moment der Siegerehrung ab. Ich gewann zwar nicht, aber ich belegte den zweiten Platz, gleich hinter einer Frau namens Cosima Andrea Carle, die ihren Sieg nutzte, um als Maggie Mae fortan Karriere zu machen, und mit »My Boy Lollypop« gleich 1974 ihren größten Hit landete. So weit habe ich es mit meiner Sängerkarriere bis heute nicht gebracht, aber in dem Moment, in dem man Martin Bolze zum Zweitplatzierten des Talentwettbewerbs erklärte, freute ich mich zumindest so, als hätte ich einen Nummer-eins-Hit in den Charts gelandet. Und meine Freude sollte sogar noch weiter anhalten. Ich bekam einen Vorvertrag und sollte in den nächsten Wochen gemeinsam mit Dieter Thomas Heck ins Studio gehen, um dort meine erste Single aufzunehmen. Ich wusste gar nicht, wie mir geschah. Und meine Kumpels von der DLRG auch nicht. Ich wurde mit meinen fünfzehn Jahren in ein Plattenstudio eingeladen, damit ich dort sang. Das überzeugte selbst den skeptischsten Rettungsschwimmer von meinen Qualitäten. Ich habe keine Erinnerungen mehr an den Rückweg nach Blekendorf, aber ich weiß noch genau, dass mein Gesicht vom Grinsen beinahe wehgetan hatte.

Einige Wochen später machte ich mich dann auf den Weg nach Hamburg ins Plattenstudio. Auf dem Weg dorthin fiel mir ein, dass es eine nette Geste wäre, Dieter Thomas Heck ein kleines

Geschenk mitzubringen. Schließlich war er gerade drauf und dran, mich zum Star zu machen. Auf der Straße kaufte ich jemandem, der dort einen kleinen Stand hatte, ein Buch ab. Hinterher habe ich erfahren, dass der Verkäufer Scientologe oder Zeuge Jehovas war, der mir ein entsprechendes »Aufklärungswerk« seiner Religion verkauft hatte, aber in diesem Moment interessierte mich das nicht. Ich war nervös und hatte ein Geschenk. Mehr wollte ich gar nicht wissen. Im Studio lernte ich dann Ralf Arnie kennen, damals einer der bekanntesten Produzenten und Musikverleger, der neben Udo Lindenberg, Vicky Leandros, Freddy Quinn und Alexandra nun mit mir arbeiten wollte. Ich musste mich sehr zusammenreißen, um vor Freude und Anspannung nicht auf der Stelle zu platzen, aber Dieter Thomas Heck und er gingen sehr freundlich und professionell mit mir um und an nur einem Tag nahmen wir die Lieder »Der kleine Prinz« und »Der schönste Tag« auf, die wenig später dann erscheinen sollten. Was aber nicht passierte. Um ehrlich zu sein, ich habe nach diesem Tag nie wieder etwas von der Sache gehört. Ich war selbstverständlich unendlich enttäuscht, aber da es wohl, wie man mir sagte, nicht an mir als Sänger gelegen hatte, sondern einfach daran, dass Arnie keine Möglichkeit gesehen hatte, meine Single erfolgversprechend auf dem Markt zu platzieren, verbuchte ich diese Erfahrung irgendwann als notwendiges Lehrgeld. Und verändert und auch geprägt hatte mich dieses Erlebnis ja trotzdem: Ich wusste nun, wie es sich anfühlte, erfolgreich zu sein. Ich hatte auf einer Bühne gestanden und wurde dafür mit einer Plattenaufnahme belohnt. Ich hatte mit einem der angesehensten Produzenten in einem professionellen Studio gearbeitet, während Deutschlands wohl bekanntester Moderator mir lächelnd zusah.

Tage wie diesen wollte ich in Zukunft öfter, wenn nicht immer erleben. Aus der Idee, als Sänger meinen Lebensunterhalt zu bestreiten, war nun ein festes Vorhaben geworden. Mein Plan war nun, ein Demo aufzunehmen und mich damit bei den Plattenfirmen zu bewerben. Ich war mir völlig sicher, dass mich schon irgendwer unter Vertrag nehmen würde. Immerhin hatten Dieter Thomas Heck und Ralf Arnie mit mir produziert, also war ich ja nicht irgendein Anfänger. Howard Carpendale hatte 1974 mit »Da nahm er seine Gitarre« einen Hit. Für mich war dieses Lied ein echter Ohrwurm und so entschied ich mich, ins Paderborner Sendelager, ein Aufnahmestudio, zu gehen, um dort genau diesen Titel aufzunehmen, um mich damit bei den Plattenfirmen zu bewerben. Ich machte meine Sache gut, wie ich fand, und erstellte ein ordentliches Demotape, mit dem ich mich bei allen mir bekannten Plattenfirmen bewerben wollte. Aber zu meiner Überraschung biss niemand an. Die Tage und Wochen vergingen, ohne dass sich irgendjemand bei mir meldete, um mich unter Vertrag zu nehmen. Mir dämmerte, dass es wohl doch nicht ganz so einfach war, ein erfolgreicher Popstar zu werden. Und irgendwann wartete ich gar nicht mehr auf die Absagen der Plattenfirmen und widmete mich anderen Dingen. Oder besser gesagt: Ich musste mich anderen Dingen widmen, denn meine Eltern wollten, dass ich eine Lehre machte.

Da ich aber bei der Polizei nicht genommen wurde, musste ich mir überlegen, was ich nun stattdessen mit meinem Leben anfangen wollte. Natürlich hätte mir irgendetwas mit Musik am besten gefallen, aber ich trat nur noch an den Wochenenden in kleinen Diskotheken wie dem Paderborner Studio L auf, wo ich zu eingespieltem Orchestersound Schlager sang. Das tat ich sehr gern, aber leben konnte ich davon nicht und erst recht war dies nichts, wo ich mit meinen sechzehn Jahren meine Zukunft sah. Auch wenn es sich in anderer Hinsicht durchaus für mich gelohnt hat. Meine erste Freundin, Marina, hatte ich in genau diesem Studio L kennengelernt. Sie war mir immer wieder aufgefallen, als ich dort oben auf der Bühne stand und sang. Sie war keines der Mädchen, das sich immer nur in Minirock und knallengen T-Shirts zeigte, aber sie hatte dennoch etwas, was mich von Anfang an faszinierte. Und ich beschloss, sie für mich zu gewinnen. Eines Abends, als sie gerade erst die Diskothek betreten hatte, lächelte ich sie quer durch den gesamten Raum an und sang »Marina, Marina« von Rocco Granata, sodass sie genau wusste, dass ich sie meinte. Und es funktionierte. Wir hatten natürlich schon seit Längerem geflirtet, aber wir verbrachten nach meinem Auftritt unsere erste Nacht zusammen und waren fortan ein Paar.

Nach einem Jahr hatte ich aber noch immer das Problem, was ich aus meinem Leben machen sollte. Ein Freund von mir schlug mir vor, ihn doch zur Bundeswehr zu begleiten. Er verpflichte sich für vier Jahre und fände es gut, wenn ich das auch täte. Ich kann gar nicht mehr genau erklären, wieso ich die Idee auch gut fand oder warum ich sie zumindest nicht total absurd fand, aber schon am nächsten Tag begleitete ich ihn und verpflichtete mich ebenfalls bei der Bundeswehr. Für vier Jahre. Und man sagte mir, dass ich mich auch für weitere vier Jahre verpflichten könne, wenn es mir gefiele. Das wollte ich dann aber doch erst einmal abwarten. Ich ging zur Marine, denn wenn ich mich schon verpflichtete, dann doch auf hoher See mit Freiheit und Abenteuer. Daraus wurde aber leider nichts, was meiner Faulheit geschuldet war. Ich habe meinen Maatenlehrgang gemacht, fiel aber direkt durch, weil ich schlicht und einfach nicht gelernt hatte. Damit hatte sich die hohe See für mich vorerst erledigt. Und da man den Lehrgang nicht direkt wiederholen konnte, wurde ich nach Nordholz versetzt. Es gab 36-Stunden-Übungen, während derer man bei Eiseskälte oder glühender Hitze durch den Schlamm robbte. Ich kannte so etwas nur aus Kriegsfilmen. Ein Albtraum. Später kam ich dann zum Fliegerhorst nach Tarp, wo ich in der Fernmeldeabteilung Dienst tat, der eigentlich nur daraus bestand, für frischen Kaffee zu sorgen. Aber wenigstens verlief mein Leben sehr geregelt. Unter der Woche kochte ich Kaffee für Soldaten, am Wochenende fuhr ich nach Paderborn und verbrachte meine Zeit mit Marina oder als Sänger im Studio L. Später wiederholte ich sogar erfolgreich meinen Maatenlehrgang und konnte mich anschließend Unteroffizier nennen. Ein Schiff habe ich aber trotzdem nie gesehen, was mich doch sehr geärgert hat, weil man mir das schon immer versprochen hatte. Aber zu dieser Zeit interessierte mich der Bund schon nur noch mäßig.

Im Nachhinein war die Beziehung zwischen Marina und mir nicht besonders gut, tatsächlich war sie sogar ziemlich stressig. Wir stritten sehr oft, wobei dann ihrerseits auch der ein oder andere Teller flog, aber wir blieben trotz allem zusammen. Das war der Vorteil daran, dass ich nur am Wochenende zu Hause war. Nach einem Jahr, ich war gerade achtzehn Jahre alt geworden, nahmen wir uns eine gemeinsame Wohnung in Münster. Und nach einiger Zeit zogen wir nach Greven, was ich aber auch erst später an einem meiner freien Wochenenden erfuhr. Marina hatte sich die Wohnung angesehen und beschlossen, sie für uns zu mieten. Zwar konnte sie sie sich überhaupt nicht leisten, aber aus irgendeinem Grund war sie davon ausgegangen, dass ich als Bundeswehrsoldat schon genug verdiente, um die Miete zahlen zu können. Gut, die dreihundertfünfzig Mark Miete konnte ich bei meinem Sold von zwölfhundert Mark schon zahlen, aber ich hatte ursprünglich vorgehabt, endlich den Führerschein zu machen, und sparte dementsprechend darauf. Meine Freundin, unsere Wohnung und mich allein zu finanzieren, war jedenfalls nicht mein konkreter Plan gewesen. Aber ich wurde vor vollendete Tatsachen gestellt. Wir waren eben sehr jung. Trotz allem blieben wir zusammen und ich suchte mir einfach noch einen weiteren Job. Weniger wegen des Geldes, vielmehr war mir klar, dass mich mein Job als Teilzeit-DJ nicht ausfüllen würde.

Ich erfuhr über Bekannte, dass die Bellaphon, ein großes Plattenlabel, Promoter suchte. Das klang toll, fand ich, auch wenn mir noch nicht ganz klar war, was Promoter überhaupt bedeutete. Ich fuhr nach Frankfurt am Main und bewarb mich. Und da ich den Job unbedingt haben wollte, log ich, was das Zeug hielt: »Kennen Sie Erik Silvester?« »Natürlich.« »Kennen Sie die Flippers?« »Sicher.« »Kennen Sie Leute hier in Frankfurt?« »Aber klar.« Das war alles Quatsch. Ich kannte weder die Musiker, noch war ich mit irgendwem in Frankfurt bekannt. Aber weil ich engagiert schien und zudem noch Erfahrung als Discjockey hatte, bekam ich den Job und verdiente so tausend Mark im Monat. Ein paar Tage später bezog ich ein Zimmer in einem Haus, das sich mitten im Rotlichtbezirk befand. Hinzu kam, dass das Zimmer wirklich klein war. Es befand sich nur ein Bett darin und wenn ich mich danebenstellte, hatte ich bereits Probleme, die Tür zu öffnen. Aber mir reichte das völlig, denn meine Wohnung in Greven, in der ich mit Marina lebte, behielt ich weiterhin, auch wenn ich, wie zu Bundeswehrzeiten, nur an den Wochenenden dort war.

Überhaupt hatte ich an den Wochentagen eigentlich keinen Kontakt zu meiner Freundin. Aus heutiger Sicht seltsam, aber weder telefonierten wir, noch besuchte sie mich. Und obwohl ich sie liebte – damals, mit meinen zweiundzwanzig Jahren, dachte ich noch, sie wäre meine große Liebe –, kümmerte ich mich hauptsächlich um meinen neuen Job. Ich als Promoter war das Bindeglied zwischen den Plattenfirmen und den Discjockeys der Stadt. Das bedeutete aber nicht, dass ich nun abends von Disco zu Disco ziehen musste, um die DJs mit den Platten der Bellaphon zu bemustern. Die Diskotheken hatten ihren eigenen Verband und dieser wurde von der Bellaphon mit Platten ausgestattet und gab sie an die einzelnen Discos weiter. Meine Aufgabe war es, mit den DJs Kontakt zu halten und auch ein bisschen dafür zu sorgen, dass »unsere« Platten möglichst oft gespielt wurden. Gewünscht wurde dieser Kontakt natürlich persönlich, was sich aber in meinem Fall schwierig gestaltete. Eine der Fragen bei meinem Vorstellungsgespräch hatte auch gelautet: »Haben Sie einen Führerschein?« Und ich hatte natürlich gesagt, ich hätte einen. Was aber auch gelogen war. Ich hatte ihn noch nicht gemacht. Und ohne Führerschein und somit ohne Auto war es in einer großen Stadt wie Frankfurt nahezu unmöglich, all die Läden abzuklappern, in denen die Platten gespielt wurden, die ich promotete. Also beschränkte sich mein Kontakt zu den Discjockeys auf ... Anrufe. Ich rief an und fragte, wie es so lief und ob die Musik von den Leuten gemocht wurde. Ich plauderte also einfach ein bisschen. Mehr konnte ich auch gar nicht machen, wollte ich nicht ein Vermögen für Taxifahrten ausgeben.

Irgendwann lernte ich Angie kennen, eine Promoterin der Polydor, einer Konkurrenz-Plattenfirma der Bellaphon. Eine klasse Frau. Wir verbrachten viel Zeit miteinander und es hätte sich eventuell tatsächlich noch ein bisschen mehr entwickeln können, aber ich wollte Marina unbedingt treu bleiben.

Und so trieben wir uns abends immer mit anderen Leuten in Frankfurter Bars herum und hatten eine Menge Spaß. Irgendwann sagte sie zu mir, dass ich unbedingt den Kontakt mit den DJs brauchte, wenn ich in meinem Job wirklich erfolgreich sein wollte. Richtigen Kontakt, nicht nur am Telefon. Ich solle die Jungs auch hin und wieder mal zum Essen einladen oder mit ihnen um die Häuser ziehen. Dann würden sie automatisch öfter die Platten spielen, die sie von unserem Verband bekamen, was bedeutete, dass die Leute in den Diskotheken mehr dieser Platten kauften. Ich erklärte Angie, dass ich das nicht tun konnte, da ich weder einen Führerschein hatte noch finanziell in der Lage war, permanent irgendwem einen auszugeben. Angie lachte nur und meinte, ich solle ihr einfach die Rechnungen geben, sie würde diese dann mit der Polydor abrechnen und mir das Geld zurückgeben. Und so machten wir es auch. Taxis, Essen, Bars – was auch immer ich von nun an tat, die Polydor bezahlte die Rechnungen. Ich glaube, noch heute würde die Firma ausflippen, wenn sie wüsste, dass sie die Konkurrenz direkt finanziert hatte. Und das nicht zu knapp. Die Discjockeys waren zu dieser Zeit unheimlich wichtig, was den Erfolg oder Misserfolg einer Plattenproduktion anging. Und je mehr sich diese Jungs ins Zeug legten, desto wahrscheinlicher war ein Erfolg. Und so bekamen sie Reisen oder Treffen mit Künstlern geschenkt. Oder durften mal bei der ein oder anderen Schallplattenproduktion dabei sein. Das konnte ich ihnen trotz meines Abkommens mit Angie nicht bieten, aber durch sie und ihre Kontakte bei der Polydor konnte ich selbst auch ein bisschen mehr ins Musikgeschäft reinschnuppern.

Ich begleitete Plattenproduktionen und übernahm mit der Zeit auch den ein oder anderen kleinen Nebenjob im Studio, ohne jetzt wirklich ernsthaft an den Produktionen beteiligt gewesen zu sein. Aber ich fand es hochinteressant, die Entstehung eines Songs oder auch einer Band hautnah erleben zu können. Und mit der Zeit geriet mein eigentlicher Job als Promoter sogar ein wenig in den Hintergrund, weil ich mir einen Song nach dem anderen anhörte und gemeinsam mit anderen Leuten der Plattenfirma diejenigen auswählte, die man erfolgreicher promoten sollte und musste. Wir entschieden also, welcher Song zum Hit gemacht werden sollte und welcher nicht. Das machte ich gern und auch ganz gut, denn häufig entwickelten sich die von mir vorgeschlagenen Titel tatsächlich zu echten Hits.

Nach Monaten, kurz bevor mein Vertrag bei der Bellaphon auslief, bekam ich das Angebot von der EMI Electrola, in Köln anzufangen. Nicht als Promoter, sondern als derjenige, der sich neue Songs anhörte, um dann das Hitpotenzial einzuordnen. Dazu dann noch einige Hörfunkproduktionen für RTL Luxemburg. Ich war begeistert. Nicht nur, dass dieser Job mir viel mehr lag, als mir die Nächte in Diskotheken um die Ohren zu schlagen, ich würde auch viel näher an Münster arbeiten, wo ich ja eigentlich immer noch mit Marina lebte. Mobil sollte ich aber dennoch sein, weswegen ich auch direkt beichtete, dass ich keinen Führerschein besaß. Die Leute von der EMI schüttelten nur mit dem Kopf. »Junge, in Köln musst du ein Auto haben. Und wenn du keins hast, dann greifen wir dir auch gern ein bisschen unter die Arme.« Und das taten sie. Man bezahlte mir den Führerschein und setzte mich in ein Auto. Der Wagen wurde mir natürlich nicht geschenkt, sondern war nur geliehen, aber zumindest musste ich mir um Benzin keine

Gedanken machen. Das wurde bezahlt. Sobald ich morgens in den Wagen stieg, war er vollgetankt. Und überhaupt war diese Zeit äußerst angenehm. Finanziell musste ich mir überhaupt keine Gedanken mehr machen, mir wurde praktisch immer alles bezahlt, und so entwickelte ich mich mit der Zeit zu einem richtigen Spesenritter.

Ich erinnere mich an einen »Urlaub«, den ich gemeinsam mit einer Sängerin, Heike, machte. Ich verbrachte vier Tage mit ihr, wovon ich einen halben Tag ihre Garderobe aussuchte und einen weiteren halben Tag bei einem Fotoshooting zusah. Die restliche Zeit lag ich am Pool oder grillte mich auf dem hauseigenen Solarium. Dass man diese Dinger zu Hause stehen haben konnte, war neu und außergewöhnlich, weswegen ich es sofort ausprobierte. Mit dem Ergebnis, dass ich rot wie ein Krebs dort herausstieg. Aber ich tat selbstverständlich auch etwas für mein Geld. Beispielsweise promotete ich den Song »It's A Real Good Feeling« von Peter Kent, der im April 1980 dann sogar Platz eins der Hitparade erreichte. Peter Kent, der eigentlich Peter Hedrich heißt, sagt noch bis heute, dass es diesen Song ohne Martin Bolze wahrscheinlich nicht gegeben hätte, was ich wirklich nett von ihm finde. Überhaupt ist Peter ein sehr feiner Kerl.

Trotzdem kam es für die EMI irgendwann so weit, dass die Kosten durch die Einnahmen nicht mehr gerechtfertigt wurden. Man fragte sich, warum man den Promotern das Geld hinterherwarf, damit sie sich und den Discjockeys ein schönes Leben machen konnten, die Ergebnisse – also die Plattenverkäufe – aber in keinem Verhältnis dazu standen. Man wollte einige von uns also loswerden, was natürlich durch unsere Arbeitsverträge nicht ganz einfach war. Also unterstellte man uns, dass wir falsch oder zumindest nicht ganz korrekt abrechneten, ohne das Wort »kriminell« in den Mund zu nehmen, und entließ uns, auch wenn es offiziell eine Trennung in gegenseitigem Einvernehmen war. Für die anderen Promoter und mich war das ein harter Schlag. Okay, tatsächlich hatten wir nicht immer richtig abgerechnet, aber erstens war dies ein offenes Geheimnis der Branche und wir sahen kein Verbrechen darin und zweitens konnte uns die Firma nichts nachweisen. Aber es nutzte nichts, wir waren unsere Jobs los. Und das war noch nicht einmal das Schlimmste an der ganzen Geschichte. Wir hatten unsere Arbeit bei einer der renommiertesten Plattenfirmen verloren, weil wir unlauter, um es mal vorsichtig zu sagen, gearbeitet hatten. Wir brauchten nicht viel Fantasie, um uns vorzustellen, dass uns andere Labels nun nicht mehr mit der Kneifzange anfassen würden.

Privat wurde meine Situation dadurch auch nicht unbedingt besser. Marina und ich stritten uns in der wenigen Zeit, die wir miteinander verbrachten, ohnehin sehr häufig. Und dass ich jetzt aus vermeintlich eigener Schuld ohne Arbeit war, verschärfte die Situation daheim in Greven nur noch mehr. Wir brüllten uns immer häufiger an und eine Menge Geschirr ging zu Bruch. Aber trotzdem trennten wir uns nicht, vor allem weil ich nach wie vor glaubte, sie zu lieben. Die Rettung kam dann in Form eines Anrufs aus Duisburg.

Hans Müller, der Eigentümer des kleinen Plattenlabels AZ Records, fragte mich in freundlichem Plauderton, wie es denn beruflich bei mir aussähe. Er hätte schon mitbekommen, dass es bei der EMI nicht mehr ganz so gut für mich lief, und da ich ja praktisch um die Ecke wohnte, fragte er mich, ob ich nicht Lust hätte, für ihn zu arbeiten. Innerlich machte ich Freudensprünge, aber zunächst dankte ich ihm für das Angebot und sagte noch am selben Tag zu. Was hätte ich auch sonst tun sollen, mir ging es wirklich schlecht zu dieser Zeit. Und Hans hat mich wirklich aufgefangen. Ein Gehalt wie bei der EMI konnte ich natürlich vergessen, weswegen sich die Frage stellte, wie ich eine Wohnung in Duisburg und eine in Greven finanzieren sollte. Die Antwort war schnell gefunden: überhaupt nicht. Hans besorgte uns eine kleine Wohnung in Duisburg-Hamborn und gemeinsam mit Marina zog ich dort ein. Eine Zeit lang lief also alles wieder in geregelten Bahnen. Ich promotete die Platten von AZ Records und arbeitete nebenher noch in der Oberhausener Disco »Big Ben« als Discjockey. Selbst als ich mich schließlich in einem gewaltigen Streit von Marina trennte und eine noch winzigere Wohnung direkt über der Plattenfirma bezog, lief alles noch in geregelten Bahnen.

Etwas zu geregelt für meinen Geschmack. Ich war jetzt wieder da, wo ich auch schon vor Frankfurt und Köln gewesen war: in der Provinz mit einem Job und einem besseren Hobby. Ich wollte weg. Irgendwohin.

Inselleben

Wenn man als Deutscher an eine spanische Insel denkt, fällt einem zwangsläufig sofort Mallorca ein, ganz gleich, wie viele andere Inseln es noch gibt. Das war bei mir nicht anders. Ich wollte in die spanische Sonne, am liebsten mit mildem Inselklima, da war Mallorca für mich die erste und logischste Wahl. Um einen Job musste ich mich dort nicht kümmern. Ich hatte etwas Geld gespart und so ging es mir recht gut, wenigstens besser als den meisten anderen Träumern, die oft mit nichts in der Tasche auf der Insel landeten, um mit einer Tauchschule, einem Jet-Ski-Verleih oder anderem Unfug ihr finanzielles Leben endgültig vor die Wand zu fahren. Abgesehen davon hatte ich noch einen weiteren Vorteil: Während meiner Zeit bei der Bellaphon und der EMI hatte ich Kontakt zu den unterschiedlichsten Leuten bekommen. Und mit einigen von ihnen hatte ich zu dieser Zeit noch immer welchen.

Zwei besonders nette Menschen waren Gisela Eils und Horst Deutsch. Gisela war mit einem Mallorquiner zusammen und betrieb in Cala Ratjada gemeinsam mit Horst die Disco Malibu. Eine reine Urlauberdiskothek, in der Tanzmusik gespielt wurde und die in direkter Konkurrenz zur beliebten Disco Dortmund stand, die schräg gegenüber lag. Horst fragte mich, ob ich nicht in der Disco als Discjockey arbeiten wollte. Ich hatte mir ein wenig Bedenkzeit erbeten, auch wenn mir schon klar war, dass ich das Angebot auf jeden Fall annehmen würde, allein schon aus finanziellen Gründen. Ich war also erst seit einigen Tagen auf der Insel, da stand ich schon hinter den Reglern und legte Platten auf. Meine Ansagen, die ich zwischendurch natürlich machen musste, fielen allerdings sehr knapp und unbeholfen aus, denn mein Spanisch war im Grunde noch überhaupt nicht vorhanden. Ich hatte zwar auf der Straße bei Unterhaltungen mit Verkäufern und anderen Einheimischen ein wenig aufgeschnappt und konnte mich mit Händen und Füßen verständigen, aber ich war weit weg davon, wirklich Spanisch zu sprechen. Bei meiner Arbeit behinderte mich das aber zum Glück nicht und mit den Monaten sprach und verstand ich die Sprache auch immer besser und kam grundsätzlich immer mehr auf Mallorca an.

Ich hatte eine nette kleine Dachgeschosswohnung am Hafen – sogar mit Terrasse – und einen geregelten Job, der mir Spaß machte. Dazu kam dann auch der Job beim Hypnotiseur Pietro Mercury in Deutschland. Als DJ kannte ich mich mit den technischen Dingen aus und half ihm bei seinen Shows, auch wenn ich von Hypnose keine Ahnung hatte. Aber sie interessierte mich und ich las mich mithilfe der Bücher, die er dazu hatte, in das Thema ein. Und bis auf den bereits erwähnten »Zwischenfall«, bei dem ich eine Frau mit einem Fingerschnippen und einem »Schlaf jetzt« in Trance versetzte, lief unsere Zusammenarbeit auch gut.

Mallorca machte mir großen Spaß. Es gab keinen Stress, keinen Ärger und niemanden, der irgendetwas von mir wollte. Alles war äußerst entspannt. Ich hatte es sogar geschafft, einen Freund von mir, den Sänger Frank Daniels, nach Mallorca zu holen. Jürgen Renfordt hatte Jahre zuvor einen Titel für ihn produziert, mit dem er am Vorentscheid zum Grand Prix teilgenommen hatte. Inzwischen lief es aber finanziell für ihn nicht mehr ganz so gut, weswegen ich ihm anbot, doch hin und wieder im Malibu aufzutreten. Ein paarmal im Monat auftreten, der Rest Urlaub. Ich fand das Angebot ganz verlockend. Und er zum Glück auch. Wir verbrachten eine Menge Zeit miteinander und auch sonst ließ ich es mir gut gehen.

Das Haus, in dem ich wohnte, hatte eine eigene Putzfrau, die dort alles sauber hielt, sodass die Mieter sich darum nicht kümmern mussten. Eine Zigeunerin, wie man damals noch sagte, und sehr hübsch. Mit der Zeit freundeten wir uns immer mehr an und irgendwann war es dann so weit, dass wir zusammenkamen. Ich würde es nicht Beziehung nennen, aber ich hatte eine sehr schöne Affäre mit ihr. Die gesamte Zeit war ein einziger großer Urlaub für mich. Zu dieser Zeit bin ich auch das erste Mal mit Drogen in Kontakt gekommen. Auf Mallorca waren gerade in den Partygebieten Drogen eine völlig normale Sache. Es wurde gekifft, gekokst und Heroin genommen. Für jeden Geschmack war etwas dabei. Gerade Kokain kam sehr in Mode, immerhin befinden wir uns im Jahr 1981. Von den harten Sachen habe ich mich jedoch immer ferngehalten, dafür hatte ich viel zu großen Respekt vor diesem Zeug, aber da ich mich in permanenter Urlaubsstimmung befand, fing ich an, zu kiffen. Wie es eben auch der Rest der Insel bereits tat. Gras rauchen war an der Tagesordnung, könnte man sagen. Man machte sich keine Gedanken darum. Das Wetter war schön, man kam billig an das Zeug heran und hatte zumindest tagsüber eigentlich nichts Besseres zu tun. Von der Polizei durfte man sich aber trotzdem nicht erwischen lassen. Nicht weil einem dann irgendeine Strafe gedroht hätte, sondern einfach deswegen, weil die Jungs einem das Zeug wegnahmen und selbst rauchten. So normal war das dort.

Nach ungefähr anderthalb Jahren reichte es mir aber irgendwie auch. Mallorca ist und war auch damals schon ein Saisongeschäft. Man konnte in der Sommerzeit, also etwa drei Monate, ordentlich verdienen, dann aber, wenn der Herbst kam und die Touristen ausblieben, hatte man eigentlich nicht mehr viel zu tun. Das kann einem gefallen, wenn man sich diesen Zustand finanziell leisten kann, aber für mich war das irgendwann nichts mehr. Das Faulenzen, Kiffen, mein Affärchen ... das alles hatte ich nicht wirklich satt, aber es langweilte mich und ich konnte mir nicht mehr vorstellen, so den Rest meines Lebens zu verbringen. Und zusätzlich ging mir auch allmählich das Geld aus, denn dass ich nur Saisonarbeit machte, interessierte meinen Vermieter und die Leute im Supermarkt natürlich nicht. Ich verdiente nichts, die Ausgaben blieben aber die gleichen. Ich verdiente pro Abend etwa hundertfünfzig Mark, was sehr ordentlich war, aber bei neunhundert Mark Miete und den sonstigen Ausgaben konnte ich sehr schlecht so viel ansparen, dass ich damit überwintern konnte.

Ich beschloss, die Insel zu verlassen, um mich in Deutschland wieder einem etwas geregelteren Leben zuzuwenden. Also reiste ich zurück und hielt mich wie üblich mit Jobs als Discjockey über Wasser. Das funktionierte eine Weile auch ganz gut, aber schnell begann ich, die Insel zu vermissen. Nicht unbedingt Mallorca, aber die Sonne, die Ruhe und die entspannte Art, Dinge anzugehen. In Deutschland war alles so geregelt und hektisch. Und für jemanden wie mich, der doch irgendwie ein Herumtreiber war, der dazu auch noch musikalische Ambitionen hegte, schien mir das Inselklima sehr viel geeigneter als das graue Deutschland. Ich fühlte mich fremd, auch wenn ich eigentlich nicht sonderlich lang weg gewesen war. Dazu kam dann auch wieder das Problem der Finanzen. Ich verdiente als DJ, wenn es gut lief, etwa vierhundert Mark in der Woche. Das war nicht wenig, aber eben auch nicht viel. Aber diese Summe bekam ich nicht regelmäßig. Manchmal war es deutlich weniger, sodass ich in manchen Monaten überhaupt nur diese vierhundert Mark zum Leben hatte und eigentlich zum Arbeitsamt hätte gehen müssen. Diese Vorstellung behagte mir aber überhaupt nicht.

Ich war nie einer gewesen, der sich sagte, dass der Staat für ihn aufkommen musste. Und ich wollte auch ganz sicher nicht damit anfangen. Also wollte ich wieder weg. Aber nicht nach Mallorca, sondern, um mal etwas anderes auszuprobieren, auf die Kanarischen Inseln. Fuerteventura vielleicht oder Gran Canaria. Auf jeden Fall eine der Inseln dort. Und ich tat alles, um dorthin zu kommen. Ich bewarb mich als Animateur bei den verschiedenen Reiseveranstaltern und pries dort meine Fähigkeiten als Discjockey an. Und tatsächlich bekam ich kurz darauf eine Einladung vom Aldiana-Club auf Fuerteventura. Von beinahe meinem letzten Geld buchte ich einen Flug. Ich hoffte wirklich, dass ich den Job bekommen würde, denn dass ich nur ein paar Stunden später wieder im Flieger zurück sitzen könnte, wollte und konnte ich mir beim besten Willen nicht vorstellen. Beim Aldiana war man sehr aufgeschlossen. Ich erzählte, was ich die letzten Jahre so getrieben hatte und dass ich als Animateur ganz sicher sehr viel zur Entspannung und Unterhaltung der Urlauber beitragen könnte. Das gefiel den Leuten da. Grundsätzlich. Aber es gab einen Haken: »Hm, schön und gut. Aber wir hätten gern ein bisschen mehr. Nur Musikanimateur zu sein, ist ein bisschen wenig.« Ich wusste nicht, was ich dazu sagen sollte. Mehr als singen und Musik machen konnte ich doch nicht. »Ich kann auch Hypnose«, sagte ich einfach in meiner Not. Die Leute vom Aldiana wurden hellhörig und stellten mir gleich Karoline vor, die dort arbeitete und autogenes Training anbot. Auch sie war ganz angetan von meiner Fähigkeit, Menschen in Trance versetzen zu können. Auch wenn ich selbst ganz und gar nicht sicher war, ob ich diese Fähigkeit überhaupt besaß ... Während meiner Zeit auf Mallorca hatte ich – in Lübeck und ganz zufällig – eine Frau in »Schlaf« versetzt, mit einem Fingerschnippen. Außerdem hatte ich alle Bücher, die Pietro Mercury zu diesem Thema besaß, aufmerksam durchgelesen. Aber ich wusste weder, wie man als Hypnotiseur arbeitete, noch, wie man wirklich allein eine Hypnose-Show stemmte. Das Einzige, was ich wusste, war, dass ich diesen Job auf Fuerteventura unbedingt wollte. Und ich bekam ihn. Ich blieb auf Fuerteventura und hatte nun einen gut bezahlten Job. Den ich zwar noch nicht so recht beherrschte, aber damit wollte ich mich später beschäftigen.

Zur ersten Übung rief ich einen Freund an. Ich erzählte ihm am Telefon, dass ich nun Hypnotiseur sei. Zuerst wollte er mir nicht recht glauben, aber ich bat ihn trotzdem, sich auf meine Stimme zu konzentrieren. Er hörte ruhig zu und ich sagte ihm, dass ich ihn nun in Trance versetzen würde. Seine Augenlider würden immer schwerer und er habe das Gefühl, als würde er sehr, sehr müde. Unter keinen Umständen aber solle er den Telefonhörer von seinem Ohr nehmen (wäre das passiert, hätte ich zu ihm fahren müssen, um ihn wieder aufzuwecken ...). Nach fünf Minuten war er völlig ruhig. Ich bat ihn, mir auf ein paar Fragen zu antworten, was er auch tat. Dann sagte ich ihm, dass, wenn ich bis zur Ziffer Null heruntergezählt hätte, er wieder wach werden würde. Ich zählte und er wurde wach. Ich fragte ihn im fröhlichen Plauderton, ob er sich daran erinnern könne, mir soeben Fragen beantwortet zu haben. Er verneinte und ich grinste bis über beide Ohren. Es hatte funktioniert. Ich hatte meinen ersten Freiwilligen hypnotisiert.

Zu Beginn wurden sogenannte Schnupperstunden angeboten, damit sich die Touristen an den neuen Hypnotiseur gewöhnen konnten, immerhin hielten zu dieser Zeit die meisten Leute Hypnose noch für eine Mischung aus Humbug und Scharlatanerie. Rummelplatz-Unfug, der veranstaltet wurde, um leichtgläubige Menschen in irgendeiner Art hinters Licht zu führen. In diesen Schnupperstunden, also kleinen Sitzungen von ein paar Minuten Dauer, versetzte ich die Urlauber in Trance und brachte sie dazu, sich zu entspannen. Eingeleitet wurden diese Sitzungen von Karo, die als Spezialistin für autogenes Training für ein passendes Ambiente sorgte und im Gegensatz zu mir bereits das Vertrauen der Leute genoss. Während dieser Sitzungen lernte ich mindestens ebenso viel über Hypnose wie die Menschen, die ich hypnotisierte. Bei Mercurys Shows zugesehen und nebenher noch jedes existierende Buch über Hypnose gelesen zu haben, war eben etwas völlig anderes, als sie tatsächlich ganz praktisch anzuwenden. Aber es gelang mir und ich wurde jeden Tag besser.

Die Urlauber waren von mir ebenfalls ganz angetan, auch wenn ich keine großen Shows veranstaltete, sondern in eher kleinem Rahmen zeigte, was ich konnte. Und über die Urlauber sprach sich das, was ich tat, auch bis nach Deutschland herum. Die Zeitschrift Quick brachte sogar eine kleine Geschichte über mich: Der Animateur, der Menschen verzaubert. Sogar Einheimische besuchten meine Auftritte.

An einem Tag sprach mich eine ältere Dame an, die ein Kinderheim auf der Insel leitete. Sie fragte mich, ob ich etwas dagegen hätte, auch mit einigen der Heimkinder ein bisschen zu »zaubern«. Zuerst wollte ich nicht, da ich keinerlei Erfahrungen darin hatte, Kinder zu hypnotisieren, und das eigentlich auch nicht machen wollte. Aber die Frau ließ nicht locker, sodass ich schließlich zusagte. Mit einigen Kindern machte ich einige Entspannungsübungen, die mehr mit autogenem Training als mit wirklicher Hypnose zu tun hatten. Aber trotzdem waren die Kleinen völlig gebannt und fasziniert, ebenso wie die Heimleiterin. Als wir fertig waren und es auch langsam zu spät für die Kinder wurde, bedankte sich die Frau bei mir. Sie erzählte mir, dass es den Kindern nicht wirklich gut ginge und sie im Kinderheim lebten, weil sie alle traumatische Erfahrungen, wie zum Beispiel den Tod ihrer Eltern hinter sich hatten. Und durch meine Hilfe hätten die Kinder nun in ihrem dunklen Leben wieder etwas Licht gesehen. Für diesen Abend wäre ich wie ein Leuchtturm für sie gewesen. Ich fand das etwas zu viel der Ehre, aber ich freute mich natürlich, dass der Tag den Kindern gefallen hatte. Trotzdem ging mir der Vergleich mit dem Leuchtturm nicht aus dem Kopf. Faro, wie Leuchtturm auf Spanisch heißt, war ein sehr schönes Wort, wie ich fand. Der Zuspruch, den ich in dieser Zeit erfuhr, machte mich nachdenklich.

Hypnose machte mir nicht nur unglaublichen Spaß, ich verdiente sogar Geld damit. Und die Leute mochten, was ich tat. Vielleicht lag ich ja falsch mit meiner Musikerkarriere und sollte mich in einer anderen Richtung versuchen.

Pharo

Nach anderthalb Jahren verließ ich den Club Aldiana wieder Richtung Deutschland. Ich hatte die Zeit dort sehr genossen und ich habe dort viel gelernt über das, was ich ja bis heute noch mache. Aber ich hatte irgendwann das Gefühl, nicht weiterzukommen. Denn ganz gleich, wie faszinierend man mich fand und wie groß gelegentlich das Aufsehen war, das ich bei den Leuten erregte, ich war trotz allem der angestellte Animateur, der nur gerufen wurde, wenn es jemanden zu belustigen galt. Außerdem wurden Animateure von den weiblichen Urlaubern auch sehr gern als Flirt oder für mehr »genutzt«. Das ist natürlich alles andere als unangenehm, bestätigte mich aber trotzdem auch in meinem Eindruck, auf Fuerteventura nicht wirklich voranzukommen. Außerdem hatte ich Blut geleckt und fragte mich, ob sich Hypnose auch in Deutschland lohnen könnte.

Ich flog zurück, nachdem mein Vertrag ausgelaufen war, und zog vorerst wieder zu meinen Eltern nach Paderborn. Und ich nahm Kontakt mit einigen Künstleragenturen auf und fragte an, ob diese nicht Interesse hätten, mich zu vertreten. Die meisten reagierten eher skeptisch, aber es gab tatsächlich einige, die sich vorstellen konnten, dass es auch in Deutschland genug

Interesse an einem Hypnotiseur gab. Ich war natürlich nicht der erste und einzige Künstler in Deutschland, der mit Hypnose unterwegs war, aber im Gegensatz zu den meisten anderen wollte ich mich und das ganze Thema an sich so bekannt wie nur eben möglich machen. Die anderen Hypnotiseure, auch mein ehemaliger »Lehrer« Pietro Mercury, reagierten auf mich eher ... skeptisch. »Scher dich zum Teufel!«, war einer der Sätze, die ich von ihnen häufig hörte. Sie hatten kein Interesse an Konkurrenz, auch wenn ich erst am Anfang stand, außerdem interessierten sie sich eher für ihre Shows, die sie entweder irgendwo auf der Welt veranstalteten oder mit denen sie durchs Land tingelten. Dass ich nun nach Deutschland kam, um Hypnose populär zu machen und damit womöglich sogar Geld zu verdienen, passte ihnen überhaupt nicht. Und diese Einstellung hat sich übrigens bis heute nicht geändert.

Als ich Melanie Müller 2013 auf ihre Teilnahme bei »Ich bin ein Star – Holt mich hier raus« vorbereitete, stellte jemand eine Strafanzeige gegen mich, natürlich anonym. Melanie hatte eine ungeheure Spinnenphobie und ich arbeitete mit ihr zusammen, um ihr diese zu nehmen. Denn das Letzte, was man im Dschungel gebrauchen kann, ist Angst vor Spinnen. Nach einigen Sitzungen mit mir war ihre Angst verschwunden und sie fühlte sich fit für die Sendung. Natürlich wurde auch in den Medien über mich geredet, da ich es ja geschafft hatte, Melanie ihre Angst »wegzuzaubern«. Und prompt wurde ich angezeigt wegen des Verstoßes gegen das Heilpraktikergesetz und wegen Betrugs. Die Anzeige hatte sich selbstverständlich bald in Luft aufgelöst, aber an diesem Beispiel sieht man ganz gut, dass sich die meisten Hypnotiseure schwer damit tun, wenn jemand öffentlich damit arbeitet und eben nicht behauptet, ganz besondere, einmalige Fähigkeiten zu besitzen, die nur einem talentierten und ausgewählten Kreis zur Verfügung stehen.

Im Laufe meiner Karriere wurde übrigens um die sechsundzwanzigmal Anzeige gegen mich erstattet, meist tatsächlich von sogenannten Kollegen. Aber jede einzelne dieser Anzeigen wurde fallengelassen oder es wurde – wenn es wirklich vor Gericht ging – zu meinen Gunsten entschieden.

Ich habe immer fair und seriös gearbeitet. Und manche meiner Kollegen sollten sich erst einmal mein Arbeitspensum ansehen, bevor sie aus Neid Anzeigen erstatten …

Eine der von mir kontaktierten Agenturen, New Way, bemühte sich besonders darum, mir den Weg zu ebnen, und beschaffte mir eine Menge Termine. Ich trat bei Künstler- und Firmenmeetings auf und konnte so den Bekanntheitsgrad der Hypnose – und natürlich auch meinen eigenen – immer weiter steigern. Sogar Anzeigen wurden geschaltet, um auf meine Auftritte aufmerksam zu machen: »Pharo's Hypno Show – Erleben Sie das Unfassbare«. Darüber dann ein Foto von mir. Na ja, so stellte man sich Marketing in den achtziger Jahren eben vor. Und auch privat änderte sich eine Menge bei mir.

Ich lernte eine Frau kennen und bereits nach kurzer Zeit beschlossen wir, zu heiraten. Frisch verliebt vor dem Traualtar. Eine Entscheidung, die sich später als überstürzt herausstellen sollte. Aber in diesem Moment war ich – waren wir – der Meinung, genau das Richtige zu tun. Ich war nun Ehemann und auch beruflich ging es weiter aufwärts für mich. Irgendwann war es dann sogar so weit, dass mein Management einen Anruf von Sat1 erhielt. Die Redaktion von »Schreinemakers live« hatte Interesse daran, mich in einer der folgenden Sendungen zu Gast zu haben. Zuerst glaubte ich, dass es sich bei dem Anruf um eine Art Scherz handeln würde. Denn zu Beginn der neunziger Jahre war diese Sendung eine der bekanntesten überhaupt. Margarethe Schreinemakers hatte ständig Prominente in der Sendung, nicht wenige davon – etwa Roger Moore oder Alain Delon – waren echte Weltstars. Und nun wollte man einen kleinen Hypnotiseur aus Paderborn? Ich konnte mir das zunächst nicht vorstellen. Aber meine Agentur bestätigte das Interesse des Senders an mir. Und schon einige Tage später saß Pharo tatsächlich das erste Mal in seinem Leben in einem Fernsehstudio. Ich war sehr nervös, weniger wegen der etwa siebzig Zuschauer, vielmehr wegen der Millionen Menschen vor dem Fernseher, die mich nun sehen konnten. Würde jetzt irgendetwas in die Hose gehen, würde ich mich vor ganz Deutschland blamieren. Ein Gedanke, der mir nicht unbedingt half, mich zu entspannen. Hinzu kam, dass in der Sendung tatsächlich in erster Linie das Thema Hypnose diskutiert werden sollte. Neben der Schauspielerin Marika Rökk und mir waren noch zwei andere Experten eingeladen worden, der Heilpraktiker Kurt Greifenhofer und Dr. Volker Reindel, der damalige Vorsitzende der Deutschen Gesellschaft für Hypnose. Und gerade Letzterer hatte es sich auf die Fahne geschrieben, der Show-Hypnose, wie ich sie ja machte, eine ordentliche Abfuhr zu erteilen. Unverantwortlich und gefährlich sei es, Menschen in Trance zu versetzen, ohne einen therapeutischen Nutzen daraus zu ziehen. Greifenhofer und auch ich stimmten ihm da völlig zu. Zumindest wenn es sich bei den betroffenen Hypnotiseuren um Leute handelte, die gar nicht dafür ausgebildet waren. Ich selbst legte außerdem Wert darauf, festzustellen, dass ich tatsächlich seit einigen Jahren genau wusste, was ich tat. Ich hatte eine Menge Erfahrung, sowohl theoretisch als auch praktisch. Eine Ausbildung zum Show-Hypnotiseur hatte ich natürlich keine, aber diese existierte auch überhaupt nicht. Trotzdem war Dr. Reindel nicht von seiner Meinung abzubringen, dass Show-Hypnose im Grunde nichts anderes sei als das Ausnutzen von armen Menschen. Ich weiß nicht genau, wie viele Menschen ich im Laufe der letzten dreißig Jahre hypnotisiert habe, vielleicht ein paar Tausend, aber ausgenutzt fühlte sich bisher noch kein einziger.

Margarethe Schreinemakers wollte die Diskussion etwas lebendiger gestalten und bat mich, doch einfach mal vorzuführen, womit ich so mein Geld verdiente. Ich sollte sie hypnotisieren. Ich willigte ein. Das war der Moment, um den ich mir am meisten Sorgen gemacht hatte. Ich zweifelte nicht an meinen Fähigkeiten, aber ich wusste natürlich auch zwei Dinge:

Erstens: Hypnotisieren kann man nur Menschen, die es auch wollen.

Zweitens: Man kann nicht jeden hypnotisieren.

Was also, wenn es nicht funktionierte? Wenn sie zu nervös war oder mir den Hypnotiseur einfach nicht abnahm (eine wichtige Voraussetzung)? Ich führte also live im Fernsehen eine sogenannte Blitzhypnose durch. Ich versetzte Margarethe in Trance und brachte sie dazu, umzufallen (natürlich fing ich sie auf).

Nach einigen Sekunden weckte ich sie dann wieder und fragte sie, warum sie denn bitte schön in ihrer eigenen Sendung auf dem Boden lag und schlief, anstatt sich um ihren Job zu kümmern. Das Publikum im Studio war begeistert, auch Marika staunte sehr über die verwirrte Moderatorin, die wieder in ihrem Sessel Platz nahm und noch immer nicht genau wusste, was da gerade mit ihr passiert war. Nur Dr. Reindel verzog keine Miene. Aber das war mir egal, ich war einfach nur erleichtert, dass alles funktioniert hatte. Und Frau Rökk war ebenfalls begeistert, was sie auch gleich kundtat. Sie bezeichnete mich vor laufenden Kameras als einen »ganz Großen der Show-Hypnose«. Ich fühlte mich sehr geehrt. Nach Ende der Sendung sagte sogar Dr. Reindel etwas ganz Ähnliches zu mir. Warum es ihm unangenehm war, das öffentlich zu sagen, wusste ich nicht.

Nach »Schreinemakers live« veränderte sich mein Leben von Grund auf. Aus dem ganzen Land kamen Anfragen. Ich hatte das Gefühl, jeder wollte Pharo buchen. War ich vor der Sendung bestenfalls drei Tage die Woche unterwegs, platzte mein Terminkalender nun aus allen Nähten. Ich verließ teilweise Montag früh das Haus und kam erst Sonntagnacht zurück. Eine Veranstaltung jagte die nächste. Und auch immer mehr Prominente kamen zu mir, um sich helfen oder sich beraten zu lassen.

Gemeinsam mit dem ehemaligen Boxweltmeister René Weller trainierte ich Nachwuchsboxer, wobei er natürlich den sportlichen Teil übernahm, während ich die Jungboxer mental begleitete. Hypnotiseur Pharo ist jetzt Boxtrainer, hieß es sofort in einer Zeitung. Andere Prominente, mit denen ich schon während meiner Zeit auf Mallorca auch privat befreundet war, wie etwa Jürgen Drews, ließen sich ebenfalls von mir helfen. Und lassen es – wie in Jürgens Fall – bis heute noch. Und meine Popularität steigerte sich sogar noch, wenn auch ohne mein Zutun.

Seit einiger Zeit nahm ich bereits Hypnose-CDs auf, die sich mit verschiedenen Themen des Lebens befassten. »Nie mehr Rauchen«, »Mit Hypnose zur Traumfigur« und »Burnout besiegen« waren einige der Titel. Eine meiner CDs trug aber auch den Titel »Schöner Busen durch Hypnose«. Die CD entstammte einer Kassette, die Pietro Mercury irgendwann einmal aufgenommen hatte, nachdem einige Frauen ihn gefragt hatten, ob es grundsätzlich möglich sei, mit Hypnose einen Effekt wie eine Brustvergrößerung zu erreichen. Natürlich konnte und kann Hypnose kein A-Körbchen in ein C-Körbchen verwandeln. Aber es gibt zwei Dinge, die unter Hypnose funktionieren können: Man kann in Trance die Durchblutung des Körpers fördern und diese verbesserte Durchblutung erreicht natürlich auch die Brust. Die Folge kann ein strafferer Busen sein. Wohlgemerkt straffer, nicht größer. Zweitens ist es unter Umständen möglich, dass sich die weibliche Brust zum Ende der Pubertät hin nicht vollständig ausgebildet hat. Das ist eine genetische Veranlagung, die nicht bei jeder Frau vorhanden ist. Auch in diesem Fall ist es unter Umständen möglich, dass man in Trance den Körper dahingehend aktiviert, die Brust vollständig – also so weit, wie es genetisch vorgesehen war – auszubilden. Beide Effekte, die man demnach unter Hypnose erzielen kann, kann man als Brustvergrößerung wahrnehmen. Kein seriöser Hypnotiseur würde behaupten, die Brust bei jeder Frau mal eben verschönern oder vergrößern zu können. Auch Pietro war dieses Thema unangenehm, denn obwohl er oft auf diese Kassetten angesprochen wurde, war ich derjenige, der sie auf Mallorca unterm Tisch verkauft hatte.

Ich selbst hatte auch nicht vor, diese CDs zu vertreiben, allerdings beriet ich mich mit einem Redakteur vom Sat1-Regionalfernsehen, der diese Geschichte grundsätzlich super fand und einen Bericht darüber drehen wollte, um diesen der Redaktion von Birgit Schrowange anzubieten. Ich hatte nichts dagegen, denn ich fand, dass dieses Thema durchaus in die heutige Zeit passte. Der Bericht fiel dann sehr gut aus und das Thema wurde tatsächlich in die Sendung aufgenommen. Der einzige Patzer des Berichts war, dass dort behauptet wurde, diese CD sei bereits im Handel erhältlich. Denn kurz nach der Sendung gingen die ersten Anrufe beim Sender ein, in denen man sich danach erkundigte, wo man denn die besagte CD kaufen könne. Wir mussten die Scheibe also quasi über Nacht pressen lassen und in den Verkauf bringen, auch wenn das meinem damaligen Management nicht wirklich recht war: »Wenn du das Ding herausbringst, dann nimmt dich keiner mehr für voll. Die werden sich ordentlich über dich lustig machen.« Und so war es dann auch, zumindest ein wenig. Die CD wurde veröffentlicht und natürlich wurden auch die Redaktionen verschiedener Fernsehsendungen damit bemustert in der Hoffnung, dass sie thematisiert wurde. Wurde sie auch. Zumindest bei Harald Schmidt. Er machte sich ein wenig über mich lustig und veralberte die Idee, größere Brüste quasi durch »Handauflegen« zu bekommen. Ich fand das tatsächlich lustig, er hat das sehr gut gemacht. Und mir gefiel natürlich auch, dass er nun mein Produkt präsentierte, und das völlig kostenlos. Eine bessere Werbung, als von Harald Schmidt verarscht zu werden, konnte ich mir überhaupt nicht vorstellen. Ich war nun ständig ausgebucht, verdiente eine Menge Geld und lernte die unglaublichsten Menschen kennen.

Beruflich war ich auf einem absoluten Höhepunkt. Das erste richtige Problem bekam ich erst im Jahr 2000. Als Künstler, der regelmäßig auf der Bühne stand, hatte ich natürlich auch meine Steuern zu zahlen, was ich auch immer pünktlich tat. Um den Überblick nicht zu verlieren, leistete ich mir auch eine Steuerberaterin, die ihr Büro in Rheda-Wiedenbrück hatte. Sie rief mich eines Tages an und eröffnete mir, dass ich mit einer Steuerprüfung zu rechnen hätte. Eine völlig normale Betriebsprüfung, um die ich mir keine Sorgen machen sollte, da wir ja immer korrekt gearbeitet hatten. Und tatsächlich machte ich mir keine Gedanken über den anstehenden Termin. Dass ich allen Grund hatte, mir Sorgen zu machen, sollte ich aber ziemlich schnell noch erfahren. Wenn ich auf der Bühne stand und meine Hypnose-Shows gemacht habe, dann immer unter dem künstlerischen Aspekt. Ich habe niemanden therapiert oder ihm sonst in irgendeiner Weise dabei geholfen, besser mit dem Leben zurechtzukommen, auch wenn ich zwischenzeitlich meine Ausbildung zum Heilpraktiker gemacht hatte. Ich stand auf der Bühne immer als Entertainer. Ich hypnotisierte Menschen, die sich freiwillig anboten, und erlaubte mir natürlich auch den ein oder anderen Spaß mit ihnen, um das Publikum möglichst gut zu unterhalten. Das war der ganze Sinn und Zweck meiner Auftritte: Unterhaltung.

Das sah ein junger Mann vom Paderborner Finanzamt allerdings anders. Was ich dort auf der Bühne tat, hatte für ihn mit allem Möglichen etwas zu tun, aber nicht mit einer künstlerischen Darbietung. Für ihn war ich Heilpraktiker, auch wenn ich weder eine Praxis hatte noch praktizierte. Und er erkannte mir den Status als Künstler einfach mal ab. Und da ich plötzlich kein Künstler im steuerrechtlichen Sinn mehr war, wurde ich auch anders besteuert. Und es wurden Steuern erhoben, an die weder meine Steuerberaterin noch ich selbst je gedacht hatten. Mit dem Ergebnis, dass ich 256.000 D-Mark an Steuern nachzuzahlen hatte. Urplötzlich. Ich fiel aus allen Wolken und tat das Erstbeste, was mir einfiel: Ich klagte gegen das Finanzamt. Und verlor. Meinen Status als Künstler wollte man mir nicht wiedergeben, obwohl ich seit Jahren in die Künstlersozialkasse einzahlte und auch sonst, wie zumindest mein Anwalt und ich fanden, alle Voraussetzungen erfüllte. Aber ich verlor den Prozess und hatte nun auch noch diese Kosten zu tragen.

Ich hatte keine Idee, wie ich diese Summe, immerhin über eine viertel Million Mark, bezahlen sollte. Ein Freund, Holger, bot mir an, mich zu unterstützen. Er wollte mir etwa hunderttausend Mark zur Verfügung stellen in der Hoffnung, dass diese Summe möglicherweise ausreichte, wenn ich noch einmal mit dem Finanzamt verhandelte. Auch wenn ich nur ein Schreiben von ihm bekam, dass er mir das Geld im Notfall zur Verfügung stellen würde, war mir der Gedanke, das Geld vielleicht tatsächlich von ihm annehmen zu müssen, völlig zuwider. Natürlich waren wir befreundet, aber bei Geld hört ja bekanntlich die Freundschaft auf. Vor allem bei einem solchen Betrag. Andererseits hatte ich keine große Wahl. Ich wollte schließlich nicht ins Gefängnis wandern, damit ein kleiner Finanzbeamter sich hocharbeiten konnte. Innerlich kochte ich vor Wut. Am liebsten hätte ich das gesamte Gebäude mit bloßen Händen abgerissen, aber nicht zuletzt mein Anwalt riet mir, mich dem Finanzamt gegenüber freundlich zu verhalten. »Wenn wir jetzt da reingehen, dann grüß bitte nett.« »Einen Teufel werd ich tun«, antwortete ich. Mein Anwalt und ich befanden uns gerade auf dem Weg in das Büro der Finanzbeamten, um noch einmal über die Summe zu verhandeln, die auf einer Fünfjahresschätzung beruhte. Mein Anwalt war der Meinung, da noch irgendwen herunterhandeln zu können. Wir betraten das Büro und ich lächelte die Beamten, die dort an einem Tisch saßen, an. »Guten Morgen«, sagte ich. »Übrigens war diese Begrüßung gerade zwangsweise und auf anwaltlichen Rat.« Und natürlich gab es nichts zu verhandeln. Ich musste die gesamte Summe auf den Tisch legen. Und das innerhalb von ein paar Tagen.

Ich nahm Holgers Angebot an und lieh mir das Geld von ihm. Zusätzlich verkaufte ich alles Wertvolle und löste sämtliche Versicherungen auf. Das letzte bisschen, das noch fehlte, besorgte ich mir bei der Bank. Der Berater dort war ein ungewöhnlich verständnisvoller Mann. Und obwohl ich im Grunde überhaupt keine Sicherheiten mehr besaß, bekam ich das Geld. »Da hat Sie das Finanzamt aber ordentlich über den Tisch gezogen«, sagte er nur und gab mir sogar die Karte eines Steuerberaters in Büren.

Mit Martin, dem Steuerberater, bin ich bis heute noch gut befreundet. Ich zahlte meine gesamten Schulden, hatte aber noch immer eine ungeheure Wut im Bauch. Wenn Deutschland so mit seinen Künstlern umging, dann konnte es mich mal.

Liebe meines Lebens

Gemeinsam mit meiner Frau verließ ich im Februar 2001 Deutschland und wanderte endgültig nach Spanien aus. Durch das Internet und das Telefon war es ja im Grunde auch egal, wo ich lebte. Und ob ich zu einem Auftritt zwei Stunden fuhr oder flog, spielte auch keine Rolle. Zunächst kamen wir bei Bekannten in Oropesa unter, einem kleinen Ort an der Küste. Ich wollte uns dort eine kleine Wohnung suchen, aber meine Frau fühlte sich dort nicht wohl und unsere ohnehin schon angeschlagene Ehe funktionierte immer weniger. Wir stritten immer häufiger und gerade nach unserer »Flucht« aus Deutschland gab es eigentlich kaum noch glückliche Tage.

Dennoch beschlossen wir, uns gemeinsam auf Gran Canaria niederzulassen. Wir mieteten eine kleine Wohnung und ich trat auf der Insel auf oder flog nach Deutschland, wenn man mich dort buchte oder ich einen Interviewtermin hatte. Mit den Monaten verbrachte ich aber immer mehr Zeit auf Gran Canaria, was einzig daran lag, dass meine Frau und ich unsere Probleme nicht mehr in den Griff bekamen. Ich war zu Beginn unserer Zeit auf der Insel viel unterwegs, während sie sich im Grunde nur zu Hause langweilte. Weder hatte sie Freunde oder Bekannte noch irgendeine sinnvolle Beschäftigung. Und es gelang ihr auch nicht, an diesem Zustand etwas zu ändern. Und auch deswegen stritten wir sehr viel. Wenn ich mich für ein Wochenende verabschiedete, weil ich in Deutschland zu einer Show musste, fühlte sie sich von mir verlassen und reagierte teilweise sehr verletzend. Als ich ihr anbot, mich bei Freunden um einen Nebenjob für sie zu erkundigen, wiegelte sie ab: »Du bist hier nicht der große Pharo. Nur der Martin Bolze. Also benimm dich auch so.«

Ich fragte trotzdem einen Freund, der eine kleine Bar betrieb, ob er meine Frau nicht als Aushilfe einstellen könne, was er auch netterweise tat. Leider halfen ihr neue Bekannte und eine Beschäftigung nicht weiter, sodass sie bereits nach kurzer Zeit kündigte und ihre Tage weiterhin lieber vor dem Fernseher verbrachte. Natürlich wollte ich nicht, dass es meiner Frau schlecht ging, weswegen ich immer häufiger Termine absagte oder meinem Management mitteilte, dass ich für die nächsten Wochen nicht zur Verfügung stand. Das Ergebnis war, dass ich irgendwann so gut wie überhaupt nicht mehr gebucht wurde. Ich hockte nun mit meiner gelangweilten Ehefrau völlig gelangweilt auf Gran Canaria. Und wenn ich arbeitete, dann in der Form, dass ich vereinzelt Leuten dabei half, mit dem Rauchen aufzuhören, oder sie bei ähnlichen Problemen unterstützte. Meistens waren diese Sitzungen für Freunde oder deren Bekannte, weswegen ich sie mir meistens auch nicht bezahlen ließ. Aus der Öffentlichkeit hatte sich Pharo irgendwann dann weitestgehend zurückgezogen und war praktisch in der Versenkung verschwunden, da Martin Bolze sich nicht mehr von den Kanarischen Inseln herunterwagte. Es dauerte allerdings noch einige Jahre, bis es zum endgültigen Bruch kam.

Im Jahr 2010 bekam ich den bereits erwähnten Anruf von Jürgen Volk, der mir vorschlug, doch bei der Sendung »Das Supertalent« mitzumachen. Bei mir kribbelte es sofort. Ich hatte mich jahrelang quasi zurückgezogen und mich auch irgendwie damit abgefunden, hauptberuflich Ehemann mit einer Nebentätigkeit als Hypnotiseur zu sein. Aber jetzt, wo ich die Chance hatte, wieder im Fernsehen aufzutreten, was ja irgendwie ein Comeback für mich bedeutete, wollte ich diese Chance unbedingt nutzen. Ich erzählte natürlich meiner Frau von Jürgens Anruf, aber sie reagierte äußerst ablehnend: »Wenn du da hinfährst, brauchst du gar nicht wieder zurückzukommen.« Wahrscheinlich hätte mich diese Aussage unter normalen Umständen völlig vor den Kopf gestoßen, aber in diesem Moment merkte ich, dass meine Frau und ich uns bereits vor langer Zeit irgendwo im Leben verloren hatten. Ja, wir lebten noch zusammen und waren auch verheiratet. Aber sonst? Ich spürte keine Liebe mehr zu ihr und ihr ging es genauso. Und deswegen stellte sich für mich auch überhaupt nicht die Frage, ob ich mich auf den Weg nach Deutschland machen sollte. Ich packte meine Sachen und buchte einen Flug.

Das Supertalent

Das Supertalent bedeutete für mich tatsächlich ein Comeback. Und es fühlte sich richtig gut an, wieder in der Öffentlichkeit präsent zu sein. Ich wurde wieder regelmäßig gebucht, gab Interviews und hatte auch sonst alle Hände voll zu tun. Und wieder einmal wurde sogar das gesamte Thema Hypnose für ein breites Publikum interessant. Nicht zuletzt, weil immer mehr Leute auf den Zug aufsprangen und entdeckten, dass man damit Geld verdienen konnte. In jeder deutschen Stadt schossen Praxen für Lebensberatung oder Hypnose-Therapie wie die sprichwörtlichen Pilze aus dem Boden. Dass die meisten dieser »Therapeuten« eher unseriös arbeiteten, weil sie auch nach dem vierten Wochenendlehrgang keinen blanken Schimmer von Hypnose hatten, störte da nicht weiter, bedeutete aber, dass man Hypnose öfter wieder als Humbug abtat, weil sie ja offensichtlich nicht funktionierte.

Ich fand das sehr schade, auch wenn es für mich natürlich den Vorteil hatte, dass ich ganz nebenbei als Experte und Profi bekannt wurde. Und so auch die seriösen Medien auf mich aufmerksam machte. Im Jahr 2001 drehte der Westdeutsche Rundfunk sogar eine eigene Reportage über mich mit dem Titel »Der Hypnotiseur«. Nach meinem langjährigen Einsiedlerleben auf Gran Canaria war ich also wieder dick im Geschäft, um es mal so platt zu formulieren. Auch wenn nicht immer alles glatt lief. Ich erinnere mich an einen Auftritt bei einer Geburtstagsfeier, auf der viele prominente Gäste anwesend waren und auf der ich als Hypnotiseur gebucht wurde. Die Feier fand im noblen Fährhaus am Zwischenahner Meer statt, einem Hotel nordwestlich von Bremen. Nach dem Essen fand die eigentliche Party auf einem Boot am Anleger statt und ich begann auch recht schnell mit meinem Auftritt. Um möglichst bald einen Wow-Effekt zu haben, versetzte ich zunächst zwanzig Menschen in Trance und ließ sie sachte zu Boden sinken. Aber bevor ich mit dem nächsten Teil meiner Show beginnen konnte, stürzte der Besitzer des Hotels, Hans-Georg Brinkmeyer, auf das Boot und sah entsetzt auf die herumliegenden Partygäste. Er wurde kreidebleich und nahm an, dass mit dem Essen etwas nicht gestimmt hatte und seine Gäste nun reihenweise ohnmächtig geworden waren. Zum Glück ließen sich seine Frau Susanne und er aber schnell wieder beruhigen. Trotzdem ging einige Tage später ein Anruf des NDR bei mir ein. Der Moderator Lutz Ackermann, der inzwischen ein guter Freund geworden ist, berichtete mir, dass man ihn angerufen hätte. Während meiner Hypnose-Show sei Panik ausgebrochen und sogar ein Krankenwagen habe kommen müssen. Zum Glück war er selbst auch auf der Party anwesend gewesen und hatte diesen Quatsch gleich dementieren können.

Ja, man kann sagen, es war eine Menge los bei mir. Und diese Zeit half mir auch sehr dabei, mich mit meiner Scheidung zu arrangieren, die nun sozusagen im Hintergrund abgewickelt wurde. Aber ich konzentrierte mich auf meine wieder erwachte Popularität. Ich war nun bekannter als je zuvor und war auch Gast in verschiedenen Fernsehsendungen und sogar Werbeträger, was für mich eine völlig neue Erfahrung war. Eine Zeit lang gab es im Handel die »Pharo Relax Matratze« zu kaufen. Inklusive von mir eingesprochener Entspannungs-CD. Völlig verrückt eigentlich. Vor allem wenn ich an die Bettengeschäfte denke, die einen lebensgroßen Pappaufsteller von mir im Laden stehen hatten.

Meine neu gewonnene Bekanntheit sorgte dafür, dass ich mich ernsthaft mit einem Medium auseinandersetzen musste, welches ich zuvor eher wie ein Stiefkind behandelt hatte: Facebook. Natürlich wusste ich von der Existenz dieser Plattform und ich hielt auch via Internet Kontakt zu meinen Freunden in Deutschland, während ich auf Gran Canaria war.

Aber wie genau dieses Soziale-Netzwerk-Gedöns funktionierte, wusste ich nicht, auch wenn ich dort schon seit Jahren über ein eigenes Profil verfügte. Ich hatte es mir angelegt, nachdem ich bei einer Sendung zu Gast war, die sich an ein sehr junges Publikum richtete: »Rent a Pocher«, wo ich gemeinsam mit Verona Pooth aufgetreten war.

Oliver Pocher hatte sich einen meiner alten Schlager herausgesucht, den ich irgendwann einmal eingesungen hatte: »Wenn du einsam bist«. Unsere Idee war, jemanden aus dem Publikum zu hypnotisieren, und zwar so, dass er in irgendeiner Form auf dieses Lied reagierte. Ich versetzte also einen Freiwilligen in Trance und machte bei ihm eine Eingabe, die so aussah, dass er jedes Mal, wenn er »Wenn du einsam bist« hörte, das Bedürfnis verspürte, Verona seine Liebe zu gestehen. Oli Pocher hat sich dementsprechend einen riesigen Jux daraus gemacht, das Lied immer wieder anzuspielen. Und jedes Mal, wenn der Titel lief, sprang der junge Mann aus dem Publikum auf und stürmte auf Verona Pooth zu, um ihr zu sagen, dass er sie liebte und mit ihr zusammen sein wollte. Gelegentlich nahm er sie sogar in den Arm oder setzte sich auf ihren Schoß. Alle fanden das großartig und auch Verona machte gute Miene zum bösen Spiel, doch in einer Pause erklärte sie, dass man so etwas nie wieder mit ihr machen dürfe. Wir versprachen es hoch und heilig, denn im Prinzip war es uns egal, schließlich war ja bereits alles im Kasten.

Nach der Sendung sagte man mir, dass ich nun mit Sicherheit eine Menge Anfragen bei Facebook bekommen würde. Also hatte ich mich dort angemeldet, auch wenn ich nie so recht gewusst habe, wieso eigentlich. Dass sich Jahre später mein ganzes Leben dadurch ändern sollte, war mir natürlich nicht bewusst gewesen. Ich war gerade online und lud einen kurzen Videoclip über mich hoch, den ich bei YouTube entdeckt hatte, als ich eine Nachricht von einer gewissen Anna bekam.

Anna war eine junge Frau von Mitte zwanzig und sie fragte mich, ob ich möglicherweise der Martin von ihrer Mutter sei. Ich saß eine Minute lang etwas irritiert vor dem Bildschirm, bevor ich ihr antwortete. »Ich weiß gar nicht, wer deine Mutter ist. Aber ich bin nicht dein Vater«, tippte ich schließlich, noch immer nicht ganz sicher, was ich von dieser Nachricht halten sollte. Aber so eine kleine Klarstellung konnte ja nicht schaden. »Ich bin die Tochter von Michaela«, war die lapidare Antwort.

Sofort entstand vor meinem geistigen Auge das Bild eines kleinen Mädchens im Kinderwagen ... Fünfundzwanzig Jahre zuvor war ich ihrer Mutter zum ersten Mal begegnet. Ich lebte zu dieser Zeit bereits von der Hypnose und war praktisch jeden Tag im Jahr unterwegs. Wenn ich in der Gegend war, besuchte ich natürlich auch meine Eltern in Paderborn.

Wenn meine Eltern abends zu Bett gegangen waren, verbrachte ich meine Abende in einer Kneipe, dem Dachsbau. Und so rustikal, wie der Name klingt, so war die Kneipe auch. Man hockte dort eigentlich nur herum, um sein Bier zu trinken und sich mit anderen Leuten, die ebenfalls nichts Besseres zu tun hatten, zu unterhalten. Eines Abends kam ich mit Erich ins Gespräch. Er war ein sehr sympathischer Mann, dem ein Sonnenstudio in Paderborn gehörte. Ich erzählte von meiner Zeit auf Mallorca und Fuerteventura und ich versprach ihm, am nächsten Tag bei ihm vorbeizuschauen, da mir die Sonne doch sehr fehlte. Und bei dieser Gelegenheit konnte man ja gleich noch einen Kaffee zusammen trinken. Am nächsten Morgen betrat ich sein Sonnenstudio und mir kam eine junge Frau entgegen, vielleicht zwanzig oder einundzwanzig Jahre alt. Ich selbst war schon dreißig, deshalb fand ich sie ziemlich jung. Aber sehr auffällig und faszinierend. Sie war sehr schlank und hatte lange, blonde Haare – eine richtige Löwenmähne. Eine Sekunde lang dachte ich, Farrah Fawcett stände mir gegenüber, denn sie sah der blonden Schauspielerin aus »Drei Engel für Charlie« wirklich zum Verwechseln ähnlich. »Tolle Frau, hm?«, lachte Erich und holte mich aus meinen Gedanken. Ich nickte nur und Erich ging voran auf die Straße in Richtung des Cafés, in dem wir etwas trinken wollten. Die junge Frau aus dem Solarium ging nur wenige Meter vor uns her. Sie schob einen Kinderwagen und wurde von einer älteren Frau begleitet. Tatsächlich ging die Gruppe in dasselbe Café wie wir, was weit weniger erstaunlich war, als es jetzt vielleicht klingt.

Paderborn ist nun einmal keine sehr große Stadt. Erich und ich setzten uns, die junge Frau und ihre Begleitung hatte bereits einige Meter entfernt an einem anderen Tisch Platz genommen. Und die Frau lächelte mir flüchtig zu. Ich habe keine Ahnung mehr, worüber Erich und ich gesprochen haben, denn hauptsächlich war ich damit beschäftigt, diese wunderschöne Frau im Auge zu behalten in der Hoffnung, sie würde mir vielleicht noch einmal zulächeln. Von diesem Tag an ging ich beinahe täglich in Erichs Sonnenstudio, natürlich immer zu den Zeiten, zu denen auch Michaela, so der Name der jungen Frau, dort war. Und tatsächlich kamen wir ins Gespräch und verabredeten uns auch zum Kaffee.

Michaela und ich verbrachten nun eine Menge Zeit miteinander und wir lachten viel. Tatsächlich ist meine erste Erinnerung an Michaela ihr wunderbares, warmes Lachen. Wir wurden gute Freunde, nicht mehr, aber auch nicht weniger. Eine Beziehung entwickelte sich aus verschiedenen Gründen nicht, auch wenn ich zu jener Zeit recht schnell eine gewaltige Portion Schmetterlinge im Bauch hatte. Und ihr ging es, wie ich heute weiß, nicht anders. Aber es hat nicht sollen sein, denn Michaela hatte zu jener Zeit einen Freund und ich selbst war ja praktisch pausenlos unterwegs. So blieb es dabei, dass wir, wenn wir uns sahen, Kaffee tranken, etwas trinken gingen oder auch mal ganze Tage im Freibad verbrachten. Aber unsere Treffen wurden mit den Monaten immer rarer, da ich einfach zu selten in der Gegend von Paderborn oder zu weit entfernt von dort unterwegs war. Und irgendwann riss der Kontakt dann leider ganz ab. Und nun, fünfundzwanzig Jahre später, schrieb mir Michaelas Tochter. »Sollen wir mal einen Kaffee zusammen trinken gehen?«, fragte mich Anna und ich sagte sofort zu. Ich brannte natürlich darauf, zu erfahren, wie es ihrer Mutter ging, und verabredete mich mit Anna an einem der folgenden Tage. Wir trafen uns in einem Café und hatten noch keine fünf Minuten miteinander gesprochen, als auch schon Michaela im Lokal erschien. Anna hatte sie ebenfalls eingeladen, ohne ihr oder mir etwas von der Überraschung zu erzählen, die nun auf uns wartete. Wir erkannten uns sofort wieder. Ich stand auf und begrüßte sie lächelnd und unterdrückte nur mit Mühe die Schmetterlinge, die augenblicklich wieder in meinem Bauch feierten. Wir saßen nun zu dritt zusammen und plauderten über alte Zeiten und wie damals lachten wir viel und verstanden uns auf Anhieb. Niemand, der uns dort zusammen sitzen sah, hätte vermuten können, dass seit unserem letzten Treffen ein viertel Jahrhundert vergangen war.

Als es langsam auf den Abend zuging und es Zeit wurde, dass wir uns verabschiedeten, fragte ich geradeheraus, wann wir uns denn nun wiedersehen würden. Und sofort verabredeten wir uns erneut. Zwei Tage später, dieses Mal allerdings allein, ohne Anna. Wieder redeten wir stundenlang. Michaela erinnerte sich sogar daran, dass ich auf einer Kneipentreppe einen Gast hypnotisiert hatte, und das nur, um sie zu beeindrucken. Und ich erklärte ihr lachend, dass diese Hypnose einen völlig anderen Grund hatte (was Blödsinn war, natürlich wollte ich sie beeindrucken). Als es wieder spät wurde, verabredeten wir uns für den nächsten Tag. Am Folgetag sahen wir uns wieder. Und am darauffolgenden Tag auch. Wir trafen uns zum Essen, gingen etwas trinken und redeten und redeten, teilweise die ganze Nacht hindurch. Und irgendwann war der Punkt gekommen, an dem ich mir mit Michaela eine gemeinsame Zukunft nicht nur vorstellen konnte, sondern bereits dabei war, mir genau diese Zukunft auszumalen. Ohne dass wir es gemerkt hatten, war aus uns ein Paar geworden. Na ja, wie das eigentlich bei den meisten anderen Paaren auch so ist. Man selbst merkt ja immer zuletzt, dass man eine Freundin oder einen Freund hat ...

Von dieser Zeit an hängt sie an mir wie eine Klette, wie manche es nennen. Aber ich genieße das sehr, jede freie Minute gemeinsam mit ihr zu verbringen. Michaela und ich verbringen beinahe vierundzwanzig Stunden am Tag miteinander. Und das ist auch gut und richtig so, denn ein entspannteres, liebevolleres und freundschaftlicheres Verhältnis habe ich zu einer Frau noch nie gehabt und ich bin unendlich froh und dankbar, dass wir uns nach so einer langen Zeit wiedergefunden haben.

Ich weiß sehr oft gar nicht, wie ich dem Glück, das ich mit ihr habe, gerecht werden soll. Das zeigt sich gerade an Tagen, an denen ich ihr besonders große Aufmerksamkeit zuteilwerden lassen will, wie zum Beispiel an ihren Geburtstagen.

Ein einziges Mal ist es mir bisher gelungen, ihr mit einem Geburtstagsgeschenk zu zeigen, was sie mir bedeutet. Wir hatten vor einigen Monaten eine VIP-Einladung nach Loipersdorf erhalten, wo die Gruppe Steirerbluat im dortigen Life Ressort gerade ihr Video zum Titel »Angekommen im Glück« drehte. Ich freute mich sehr über diese Einladung, allerdings hatte ich zu diesem Zeitpunkt ganz andere Sorgen. Während der drei Tage, die wir in Österreich verbringen würden, hatte Michaela Geburtstag und ich telefonierte bereits wild herum, da ich noch immer keine Idee für ein wirklich angemessenes Geschenk hatte, welches zum Ausdruck brachte, wie wertvoll sie für mich war. Die gleiche Prozedur wie jedes Jahr im Grunde. Als ich mich telefonisch mit einem Freund beriet, der den Titel von Anhalt trug, sagte er irgendwann ganz lapidar zu mir: »Wenn du ein wirklich würdiges Geschenk willst, dann mach sie zur Prinzessin. Ich helf dir dabei.« Ich fand die Idee von Anfang an gigantisch. Und prompt machte mein Freund Michaela am 15. Juli zur Prinzessin von Anhalt.

Ob sie sich wirklich darüber freuen würde, wusste ich zwar nicht genau, aber ich hatte ihr nun ein Geschenk gemacht, das keine andere Frau in Deutschland bekommen würde. Und das ausdrückte, was sie für mich war: eine Prinzessin. Michaela, die noch nichts von ihrem Geschenk ahnte, und ich flogen nach Österreich, wo Claudia, die Hotelchefin, schon alles liebevoll für die Geburtstagsfeier vorbereitet hatte.

Zusätzlich hatte der Medienberater Fred Weidler TV-Kameras aufbauen lassen, um einen möglichst pompösen Rahmen zu schaffen. Alles wirkte wirklich glamourös. Und um Punkt Mitternacht verkündete dann Hans Kreuzmayr, bekannt als eine Hälfte des Pop-Duos Waterloo & Robinson, laut: »Happy birthday, cumpleanos feliz Michaela. Ab heute Michaela Prinzessin von Anhalt!« Michaela stand dort mitten in der Menge, wie vom Donner gerührt. Alle gratulierten ihr zum Geburtstag und natürlich auch zu ihrem Adelstitel. Der Titel wurde ihr dann ganz feierlich von Ludy Speyrer, einer befreundeten Promoterin und TV-Moderatorin, überreicht. Es herrschte eine ausgelassene und fröhliche Stimmung, als wir auf ihren Ehrentag anstießen. Nur eine machte gute Miene zum für sie bösen Spiel: Michaela selbst. Sie war zunächst gar nicht begeistert von ihrem Geschenk, denn sie sah sich nicht als Adelige und fand es auch äußerst befremdlich, nun eine zu sein. Ich hatte die schlafloseste Nacht meines Lebens, denn wir diskutierten sehr lange. Am Ende aber freute sie sich trotzdem, nun ganz offiziell meine Prinzessin zu sein, auch wenn es mich weitere graue Haare gekostet hatte, ihr Gesicht zu sehen, als sie erfuhr, eine Prinzessin zu sein. Zum Glück stören sie meine grauen Haare nicht weiter. Um im Fernsehen nicht zu alt zu wirken, hatte ich meine Haare für »Das Supertalent« zum ersten Mal in meinem Leben gefärbt. Das fand sie überhaupt nicht gut und seitdem lasse ich es auch bleiben. Ich will sie schließlich nicht weiter verärgern, vor allem wenn ihre Freunde sie mit »Eure Hoheit« ansprechen.

Falsche Freunde

Gerade in der Zeit nach »Das Supertalent« bekam ich eine ganze Menge Anfragen unterschiedlichster Leute. Nicht nur, dass man mich für Shows und Veranstaltungen buchen wollte, nein, es meldeten sich auch eine ganze Menge Menschen, die mir Ruhm und Reichtum versprachen. Potenzielle Manager also. Ich hatte bereits zu früheren Zeiten immer mit Künstleragenturen zusammengearbeitet und dadurch, dass ich mit M.-Services und heute mit Mamisch Media & Therapy Services immer gute Leute am Start hatte, wusste ich auch, dass es eine gute, nützliche und manchmal auch notwendige Sache war, jemanden zu haben, der sich um Termine kümmerte und einen auch hier und da nach außen hin vertrat.

Aber einen richtigen Manager, der an den richtigen Stellen den »Bad Boy« spielte und mir den Rücken frei hielt, hatte ich noch nie gehabt. Mir schien das irgendwie immer etwas für Popstars zu sein und als solchen betrachtete ich mich weiß Gott nicht. 2010 begann ich aber trotzdem, ernsthaft darüber nachzudenken, ob es nicht doch sinnvoller wäre, mir jemanden zu suchen, der mir ein paar Dinge abnahm. Hauptsächlich für Deutschland, denn auf den Kanaren konnte ich alles gut allein handhaben. Und da sich tatsächlich immer mehr Probleme für meine Promotion-Agentur M.-Services auftaten, all meine Termine zu organisieren, geschweige denn, meine Reisen zu den Auftritten sinnvoll zu planen, überlegte ich es mir doch anders. Grundsätzlich sprach ja nichts dagegen, jemanden zu engagieren, der das Booking übernahm, für mich Auftritte besorgte, Gagen aushandelte, sich um An- und Abreise kümmerte und die Verträge für M.-Services schloss.

Gerade für den Bereich der Bezahlung schien mir ein Ansprechpartner in Deutschland sinnvoll, denn ich neigte und neige zum Tiefstapeln. Ob ich nun in einer Provinzdiskothek auftrat oder Stargast beim Geburtstag eines Multimillionärs war – ich nahm bis dato immer dieselbe Gage. Ich fand es komisch, plötzlich »teurer« zu werden, nur weil ich beim »Supertalent« ein Highlight war, bloß weil der eine Gastgeber mehr Geld hatte als der andere. Zumal auch für mich die Popularität in Deutschland eigentlich immer sehr schnell verflogen sein konnte. Aber, wenn es jemanden gab, der in meinem Namen charmant und unaufdringlich die Gagen bei Bedarf anhob, wieso nicht? Eines Tages rief mich ein gewisser Hajo Schierig an, der mich an der holländischen Grenze für ein Event eines Autohauses buchen wollte. Hajo stellte sich mir als Manager eines bekannteren Schlagersängers vor, den ich tatsächlich kannte. Gut, ich kannte ihn als eine selbstverliebte und eher schmierige Großschnauze, aber da Hajo den Schlagerbarden scheinbar erfolgreich machte und schon länger im Geschäft war und er zudem auch einige andere Stars und Sternchen der Schlagerbranche managte, willigte ich ein und wartete ab, wie sich unsere Zusammenarbeit entwickeln würde.

Er buchte mich für das Gala-Event des Autohauses, das wirklich zu einem echten Highlight wurde, und ich fragte ihn, ob er nicht Lust hätte, für M.-Services die Bookings für mich zu übernehmen, zumal ich seiner »erfolgreichen Arbeit« vertraute. Ich kam nach Deutschland und ging mit ihm essen und wir einigten uns recht schnell darauf, dass er sich von nun an um mich »kümmerte«.

Hajo war ein kräftiger, groß gewachsener Mann um die vierzig und ich traute ihm den Job, mich in meinem Bestreben, erfolgreich zu bleiben, zu unterstützen, durchaus zu. Hajo trat selbstbewusst und durchsetzungsfähig auf und schaffte es von Beginn an, mich mit seiner Art zu begeistern. Genauso, wie ich mir einen idealen Manager vorstellte. Ich war also begeistert. Ich hatte nun einen Manager und konnte mich einzig und allein auf meine Auftritte konzentrieren. Einen schriftlichen Vertrag hatten wir keinen. Ich hielt das auch nicht für nötig. Er vermittelte mir schnell das Gefühl, dass wir nicht nur Geschäftspartner seien, sondern auch Freunde. Und Freunde schlossen nun mal keine Verträge ... Er organisierte mir Auftritte und handelte Gagen aus, dafür bekam er gegen Quittung seinen Teil ab. Auch trieb er von Menschen für mich Geld ein, zumindest die ersten sechs bis sieben Monate, die mich zuvor gelinkt hatten.

Eine Hamburger Firma bemühte sich in den Monaten vor dem »Supertalent«, meinen Namen in Deutschland zu forcieren. Zwei Herren dieses Verlags aus Hamburg, Andreas und Ralf, probierten auch auf sehr faire und aufopferungsvolle Weise, mich in Deutschland bekannter zu machen, doch es überraschte auch sie, als Hajo ihnen klar und deutlich mitteilte, dass mit dem Namen Pharo und auch mit mir als Person durch andere Personen Geld verdient wurde, welches nie bei mir angekommen war. Da Andreas und Ralf keine Probleme wollten, stotterten sie die ausstehenden Beträge ab, und ich muss sagen, dass ich auch heute noch mit den beiden sehr freundschaftlich verbunden bin. Ich war also mehr als zufrieden mit Hajo. Für mich selbst war es immer schwierig, das Tun und Schaffen der

Menschen zu beobachten und zu kontrollieren, zumal ich mich von Gran Canaria aus sehr schwer damit tat. Hajo schien aber alles sehr fair, unkompliziert und in meinem Sinne zu handhaben. Und tatsächlich ließ sich unsere Zusammenarbeit gut an, sehr gut sogar. Hajo kontaktierte mich mehrmals pro Woche, fragte, wie es mir ging, und erkundigte sich wie nebenbei, ob ich nicht Lust und Zeit hätte, bei dieser oder jener Veranstaltung aufzutreten.

Ich war völlig begeistert und fragte mich, wieso ich nicht schon längst mit einem Manager zusammengearbeitet hatte. Hajo plante und organisierte vieles für mich und begleitete mich auch ab und an zu Auftritten und Seminaren, die ich gab. Und mit den Wochen vertraute ich ihm immer mehr. Alles Finanzielle ließ ich ebenso über Hajo laufen, da ich mich immer sehr ungern mit diesem Thema befasst hatte. Meinen Steuerberater, der sich in Spanien darum kümmerte, dass alle Abrechnungen ihre Richtigkeit hatten, den hatte ich natürlich noch immer, und auch ihm fiel zu Beginn nichts auf. So überließ ich das Aushandeln von Gagen und die Sorge darum, dass diese auch bei mir auf dem Konto landeten, Hajo. So konnte ich mich freier auf meine Arbeit konzentrieren und wusste gleichzeitig, dass alles Weitere in geregelten Bahnen lief. So glaubte ich zumindest. Das lästige Schreiben von Rechnungen fiel ebenso weg wie das Hinter-dem-Geld-Herrennen, das wohl so ziemlich jeder kennt, der schon einmal auf einer Bühne gestanden hat.

Beruflich befand ich mich erneut auf einem Höhepunkt und ich war mir sehr sicher, dass Hajo daran keinen geringen Anteil hatte. Aber es folgte recht bald eine Zeit, in der ich schnell hätte wach werden müssen ... Immer wieder hatten mir Bekannte, Freunde und Kollegen hinter vorgehaltener Hand erzählt, dass ich Hajo vielleicht nicht zu sehr vertrauen sollte, aber ich hielt das immer für Geschwätz. Wann immer man mir riet, ihm nicht allzu sehr zu vertrauen, schüttelte ich den Kopf und sagte, dass alles okay sei und Hajo absolut korrekt arbeitete. Gerade der Schlagerbereich, in dem Hajo, wie erwähnt, ebenfalls aktiv war, war voller neidischer und auch falscher Menschen. Man nennt ihn nicht umsonst ein Haifischbecken und meiner Erfahrung nach trifft das auch voll und ganz zu, weswegen ich auf das Getuschel nicht viel gab.

Sogar Hajos ehemalige Freundin hatte mich gewarnt. Am Halbfinal-Abend von »Das Supertalent« sagte sie mir: »Lass bloß die Finger von diesem Schaumschläger. Er lügt, wenn er den Mund aufmacht!« Und auch Michaelas Warnungen ignorierte ich. Gleich nachdem sie wieder in mein Leben getreten war und Hajo kennengelernt hatte, lautete ihre erste Frage: »Was willst du mit diesem Schmierlappen?« Und sie riet mir dringend, doch wenigstens alles schriftlich zu machen, wenn ich schon die Zusammenarbeit wollte. Ich schob ihre Einwände auf ihre mangelnde Erfahrung im Showgeschäft und versicherte ihr immer wieder, wie zuverlässig und vertrauenswürdig Hajo doch war. Und warum hätte ich auch etwas anderes annehmen sollen? Beruflich ging es mir besser als selten zuvor, ein Seminar folgte dem nächsten und jeder Auftritt war besser besucht als der vorherige. Das verdiente Geld steckte ich in die Werbung, damit mein Name noch größer wurde. So blieb mir eigentlich nicht viel an finanziellen Mitteln, doch meine Bekanntheit stieg monatlich, und dass Fred Weidler, der unter anderem das Medienbüro von Jürgen Drews managte, nebenbei noch meine Promotion fürs Fernsehen übernahm und auch kein Geld von Hajo für seine wirklichen Topdienste bekam, übersah ich ebenso.

Anfang 2011 kam Hajo mit der Idee: »Wir machen die König Pilsener Arena voll mit zwei Shows. Damit alles rechtens läuft und vernünftig versteuert wird, lassen wir es über meine Firma als Veranstalter laufen. Ich sorge schon für Sponsoren. Du gehst kein Risiko ein und M.-Services auch nicht.« Das war ein Angebot! Im November des Jahres 2011 zum ersten Mal in der Oberhausener Arena aufzutreten. Rauchentwöhnung und Gewichtsreduktion ... Pharo Martin Bolze in der Arena! Und das vor geplant siebentausend Menschen. Ich war stolz und verunsichert zugleich, ob ich mit so einer Menschenmasse umgehen konnte. Aber Michaela war eine wunderbare Stütze in dieser Zeit, ohne die ich es nicht geschafft hätte. Sie bestärkte mich darin, mir diese große und vielleicht einmalige Chance nicht entgehen zu lassen.

Als ich Hajo erzählte, dass ich auch Michaela mit in die Geschichte einbinden würde, zumal ich in Spanien nicht für alles den Überblick hatte, war er sehr reserviert. Wieso er nicht Feuer und Flamme war, verstand ich nicht, aber in diesem Moment war mir das ziemlich egal. Ich sollte in zwei Shows vor knapp siebentausend Menschen auftreten! Und das auf einer Bühne, die in der Regel Leuten wie Lionel Richie oder Herbert Grönemeyer vorbehalten war. Ich muss zugeben, dass ich mein Glück nicht fassen konnte. Und selbstverständlich wollte ich für dieses Event ordentlich die Werbetrommel rühren, denn die Arena kündigte die Show an, mehr aber auch nicht. Die Veranstaltung zu bewerben, war üblicherweise Aufgabe des Managements des auftretenden Künstlers, in diesem Fall Hajo, da er mit seiner Firma auch als Veranstalter auftrat. Ich besprach mit Hajo, aus dem erwirtschafteten Geld die Werbung anzukurbeln, und er machte Verträge mit der WVW in Essen und anderen Werbeträgern, die für das Pressemarketing zuständig sein sollten. Und ich wollte ordentlich werben, denn wenn ich schon dort auftrat, dann wollte ich das Ding auch voll bekommen.

Zwölftausend Menschen finden in der Arena Platz. Ich wollte, dass die Halle bis auf den letzten Platz ausverkauft war. Hajo versprach, sich darum zu kümmern. Fernsehspots konnten wir uns natürlich keine leisten, aber Radiospots, Anzeigen in Magazinen und Zeitungen und Plakate waren in jedem Fall drin. Dachte ich zumindest. Alle vierzehn Tage kam Hajo und legte mir eine Rechnung vor, die von den Geldern der Shows bezahlt wurde. Es blieb also nicht viel Geld übrig, denn Werbemaßnahmen durchzuführen, entpuppte sich als kostenintensiv.

Die Wochen vergingen, aber nirgendwo sah ich irgendwelche Poster, geschweige denn, dass im Radio auf meine Show hingewiesen wurde, die ja bald zum Highlight werden und Massen anlocken sollte. Ich rief Hajo an und fragte ihn, was los war, aber er wiegelte nur ab. Es sei ja noch mehr als genug Zeit. Und wenn man jetzt schon die Werbetrommel rührte, hätten die Leute die Show bereits wieder vergessen, noch bevor sie stattgefunden hätte. Ich war zwar mit diesen Antworten etwas unzufrieden, zumal ich ja schon kräftig Anzeigengelder an ihn auszahlte. Aber ich ging noch immer davon aus, dass die Werbung bei Hajo in fähigen Händen lag und er schon wusste, was er tat. Aber auch Wochen bevor die Show stattfinden sollte, war nirgends etwas davon zu hören oder zu lesen, wenn man von kleinen Meldungen im Internet absah. Ich fragte Hajo diesmal konkreter, wie er sich das mit der Werbung vorstellte, aber er wich mir erneut aus. Jetzt, im Sommer, brauche man schon mal gar nix zu machen. Alle Leute wären im Urlaub und wer zu dieser Zeit Geld in Werbung steckte, konnte es genauso gut gleich verbrennen. Ich verlor die Geduld. Zwar sagte ich Hajo, dass er sich beeilen solle, glaubte aber irgendwo trotzdem, dass es vielleicht besser wäre, wenn ich selbst auch aktiv wurde.

Ich buchte also Flüge nach Deutschland und begann mit einer Promotour durchs Ruhrgebiet. Es funktionierte. Der Kartenverkauf zog an. Ich besuchte die Redaktion des Essener Wochen Spiegel und dessen Chefredakteur Knackert wurde kurzum von der Zigarette entwöhnt. Tolle Berichte erschienen nun in den Ausgaben und auch online wurden die Werbeaktionen intensiver. Ich berichtete Hajo und auch er äußerte sich zufrieden. Er erzählte mir jedoch, dass es mit den Sponsorengeldern hakte. Ein großer Fastfood-Anbieter habe abgesagt, obwohl ich mit dessen Geschäftsführer Bernd Ropot persönlich gesprochen und er mir seine Unterstützung zugesagt hatte. Ich war natürlich stinksauer auf meinen Freund Bernd, auch wenn er nichts getan hatte, wie ich später erfahren sollte.

Kurzum: Die Halle in Oberhausen wurde voll, allerdings verwehrte Hajo Leuten wie RTL, in diesem Fall Markus Sesing, mit dem ich heute sehr freundschaftlich zusammenarbeite, den Zugang zur Halle, der für »Punkt 12« drehen wollte. Es war ja nun mal das größte Hypnose-Spektakel, das jemals in Deutschland stattgefunden hatte. Und auch mit dem WDR und der BILD stand Hajo scheinbar auf Kriegsfuß, da beide, wenn sie meinen Namen hörten, von jetzt auf gleich rotsahen. Auf diesen Umstand angesprochen, sagte Hajo nur: »Du bist der Gute und ich bin nun mal nach außen der Böse. Alles okay und normal.« Allmählich kam ich ins Grübeln, aber trotzdem freute ich mich zunächst über meinen Erfolg.

Die TV-Präsenz war trotz allem hervorragend, da alle Aufnahmen, die AZ Media gemacht hatte, ebenso bei Sat1 wie auch bei RTL in verschiedenen Boulevardmagazinen zu sehen waren. Und so planten wir direkt im Anschluss eine zweite Show im Folgejahr. Hajo ließ diesen Termin dann jedoch einfach platzen. Und das, obwohl bereits Karten verkauft worden waren und auch schon Werbung gemacht wurde. Als offizielle Begründung gab er an, dass sich Pharo zu diesem Zeitpunkt in Spanien aufhalten müsse wegen eines wichtigen TV-Auftritts. Ich fragte ihn, warum er solche Lügen erfand und meinen Auftritt in Oberhausen abgesagt hatte. Seine lapidare Antwort war, dass »wir einfach nicht in die Gänge kommen« und man ausredentechnisch auch mal in die Trickkiste greifen müsse. Ich war entsetzt. Immerhin wurden Leute, die sich auf den Abend gefreut hatten, einfach so belogen. Aber es stand fest. Der Auftritt fand nicht statt. Nirgendwo hingen Plakate, kein Fernsehsender meldete sich und auch die Wochenblätter reagierten extrem abweisend, vorsichtig ausgedrückt, wenn ich dort anfragte, ob dort Interesse daran bestand, die Show zu bewerben. Das hatte Hajo also mit »nicht in die Gänge kommen« gemeint: Niemand wollte sich auf Werbung einlassen, wieso auch immer. Woran mochte das liegen? Ich saß wie versteinert auf meiner Terrasse in Salobre de Gran Canaria und war völlig konsterniert.

Michaela rief mich aus Deutschland an und sagte mir, dass der Hersteller der »Pharo Relax Matratze«, die es inzwischen von mir gab und die über einen großen Vertrieb eine Menge Abnehmer gefunden hatte, uns als VIP-Gäste für eine Party eingeladen hatte. Ich war zwar alles andere als in Partystimmung, buchte aber dennoch einen Flug nach Düsseldorf. Bei der Veranstaltung angekommen, freute sich der Inhaber des Werkes, dass wir gekommen waren. Michaela entschuldigte Hajo mit der Begründung, die sie kannte: »Herr Schierig muss sich heute Abend um seine Kinder kümmern.« Dass es wohl nicht so war und wir auch ganz offen belogen wurden, erfuhren wir von Klaus Gräffker, der uns dann sagte: »So, so, das ist ja jammerschade. Ich habe mit ihm nämlich noch eine kleine Rechnung, so um die sechszehntausend Euro, offen, die schon längst hätte bezahlt werden sollen.« Was? Ich wollte meinen Ohren nicht trauen, auch Michaela schaute mich entsetzt an. Party hin oder her, ich wollte sofort wissen, was vorgefallen war. Klaus Gräffker gab uns alle Unterlagen über einen Deal, den ich so gar nicht kannte. Unglaublich, was ich da sah. Hajo hatte mir seinerzeit gesagt, dass alles, was diese Matratze betraf, über seine Firma laufen müsse und in gar keinem Fall über meine Firma M.-Services in Spanien, da Herr Gräffker dies ausdrücklich abgelehnt hätte. Diese Tatsache hatte mich zwar damals sehr gewundert, weil auch vorherige Shows und Veranstaltungen für Klaus Gräffker in Spanien abgerechnet und versteuert worden waren, aber ich war natürlich einverstanden gewesen, alle Gelder über Hajos Konto laufen zu lassen. Der Vertrag für die Matratzen wurde also über seine Firma geschlossen, das Geld floss auf sein Konto der Volksbank. Ich hatte also sechszehntausend Euro Schulden. Einfach so, weil Hajo das Geld nicht weitergeleitet hatte. Und in den nächsten Tagen häuften sich die »guten Nachrichten«. Die Firma Starwood kam auf mich zu und fragte an, wann ich denn das Darlehen in Höhe von fünfundzwanzigtausend Euro zurückzahlen wolle. Immerhin habe ich doch gemeinsam mit Herrn Schierig den Darlehensvertrag unterschrieben. Ich wusste weder von einem Darlehen, noch hatte ich einen solchen Vertrag unterschrieben.

Dann bekam ich noch einen Brief von RTL, in dem man mir eindeutig mitteilte, dass es nicht zu einer Zusammenarbeit käme, weil die Forderungen meines Managers mit ca. fünfzigtausend Euro überzogen seien, und im Beisatz stand: Ganz ehrlich, Herr Bolze, wir zweifeln nicht an Ihrer Integrität und der Seriosität Ihrer Person, aber solange Sie mit so zwielichtigen Betreuern und Managern zu tun haben, nehmen wir lieber Abstand von einer Zusammenarbeit.

Was war denn auf einmal los? Mir wuchs alles über den Kopf. Sollten die Warnungen der Freunde und angeblich geschädigten Kollegen am Ende doch der Wahrheit entsprechen? Sie sollten wohl, denn in Nürnberg bei einem Seminar trennte ich mich von Hajo, der scheinbar sehr gut von meinem Geld lebte. In seinem Haus hatte er während der Zusammenarbeit mit mir sogar einen Pool einbauen lassen, was ich mir in Spanien bis heute bei Weitem nicht leisten konnte, geschweige denn kann.

Ich konfrontierte Hajo mit seinen Verfehlungen und er fühlte sich ertappt. Ich sagte ihm, dass alles schriftlich vorliege, Überweisungsträger, Verträge und so weiter. Und dass ich ganz sicher nicht vorhabe, für seine Schulden geradezustehen. Hajo leugnete nichts. Ich sagte ihm, dass er für dieses eine Seminar noch seine Provision bekomme, aber ab dann würde ich nie wieder etwas von ihm hören oder sehen wollen.

Damit war der Fall für mich erledigt, denn ich ging natürlich davon aus, dass er seine Schulden selbst abzahlen würde. Aber ich hatte mich geirrt. Ich erhielt von Hajo SMS und handschriftliche Briefe, in denen er drohte, irgendwelche Geschichten, die er über mich oder Michaela zu wissen glaubte, zu veröffentlichen, wenn ich ihm nicht binnen kurzer Zeit fünfzigtausend Euro zahlte. Auf diese Drohungen reagierte ich nicht, und das schien Hajo zu frustrieren, denn nun begann er damit, mich bei Geschäftspartnern, mit denen ich bereits seit Jahren zusammenarbeitete, zu verunglimpfen. Die wildesten Geschichten über Unterschlagung, Betrug und Veruntreuung bekam ich zu hören, denn selbstverständlich erfuhr ich alles sehr schnell. Dennoch zwang diese Aktion Michaela und mich zu einer ausgedehnten Entschuldigungstour, was uns ausgesprochen peinlich war.

Von RTL, wo ich mit Tom Sänger eine Menge klären konnte, über Sat1 und AZ Media bis hin zu Joker Production – wir arbeiteten eine lange Liste von Unternehmen ab, bei denen wir uns für die Unannehmlichkeiten entschuldigten. Ich hatte buchstäblich die Nerven blank liegen und wenn ich zu dieser Zeit nicht Michaela an meiner Seite gehabt hätte, ich wäre an der Situation verzweifelt. Es hatte immer mal wieder schwierige Zeiten gegeben, aber wenn mir etwas blieb, dann war es mein guter Ruf.

Nun plötzlich Freunde und Bekannte davon überzeugen zu müssen, dass ich kein Betrüger oder Abzocker war, zehrte ernsthaft an meinen Kräften. Aber es gelang mir, mich nach und nach von diesem Schlag zu erholen. Hajo war weg und auch meine Geschäftspartner waren weitestgehend davon überzeugt, dass ich nach wie vor seriös arbeitete und nicht urplötzlich zu einem raffgierigen Betrüger mutiert war.

Blieb nur noch der Schuldenberg, den Hajo mir hinterlassen hatte. Ich sprach lange mit Michaela und kam schließlich zu dem Entschluss, noch einen Auftritt in der Oberhausener Arena zu wagen.

Nur: Dieses Mal würde ich die Halle füllen. Ohne Manager und ohne jemanden, auf dessen Wort ich mich verlassen musste. Alles in meiner Hand und von mir organisiert. Zunächst musste ich natürlich sehen, ob ich mich wieder auf Werbepartner verlassen konnte. Ich rief meinen Freund Björn Josefiak an, der bei der WVW-Mediengruppe arbeitete, erzählte ihm von meinem bevorstehenden nächsten Auftritt in der Arena und fragte ihn, ob er mir ein vernünftiges Angebot machen könne, wie ich das finanziell akzeptabel in den Wochenblättern bewerben könne. Oder aber auch in einigen der zahlreichen Magazine, Zeitungen und Zeitschriften, die zur WAZ-Gruppe gehörten. »Tja, im Prinzip kann man da schon was machen«, lautete die freundliche, aber sehr knappe Antwort. Mich irritierte der Tonfall ein wenig, aber trotzdem fragte ich ihn, in welchen Medien die Werbung möglich wäre. Und natürlich, was mich der Spaß kosten würde. »Na ja, bevor wir über Geld reden, muss ich dir sagen, dass ich bei Pharo sowieso nur noch gegen Vorkasse Anzeigen schalten darf.« Ich war baff. Mit dem Handy am Ohr ließ ich mich auf das Sofa sinken. »Was soll das heißen, Vorkasse?«, fragte ich. Grundsätzlich schaltete man Werbung und bekam eine Rechnung. Vorkasse war ... unüblich, gelinde gesagt. Am anderen Ende der Leitung hörte ich ein Seufzen. »Ach, Martin ...«, sagte Björn und in seiner Stimme schwang unüberhörbar der Wille mit, das Gespräch so schnell wie möglich zu beenden. »Was?«, fragte ich und war inzwischen gleichzeitig ratlos und beunruhigt. »Seit Monaten rennen wir jetzt schon hinter dem Geld für die Anzeigen deiner ersten Veranstaltung her. Da sind mehrere Tausend Euro offen, die dein damaliger Manager nicht bezahlt hat. Und der hat jetzt noch ein Verfahren gegen uns angestrebt, es sei alles nicht vereinbart gewesen. Und woanders sitzt man wohl auch noch auf Forderungen, wie man so hört. Und ich hab, ehrlich gesagt, auch keine Lust auf so 'ne linke Nummer.« »Was?«, fragte ich und überlegte. Über Björn waren dementsprechende Werbeanzeigen geschaltet worden. Aber die waren selbstverständlich auch durch mich gegen Rechnungsvorlage an Hajo bezahlt worden. Ich hatte Hajo das Geld dafür bar gegeben, damit er es überweist. »Das ist doch alles bezahlt«, fragte ich mehr, als dass ich es sagte. Wieder seufzte Jörg. »Nicht, dass ich wüsste. Aber wenn das Geld unterwegs ist, umso besser. Ändert aber nichts, Martin. Nur noch Vorkasse oder wir lassen's.« Ich war völlig perplex und verabschiedete mich knapp. Ich hatte zwar keinen Schimmer, was hier los war, aber ich wusste, wer mir da weiterhelfen konnte. Wieder eine Hiobsbotschaft, die mich womöglich meinen guten Ruf kostete. Ich stand auf meiner Terrasse auf den Kanaren und mein Herz raste. In meinem Kopf drehten sich die Gedanken. Nein, so viel Geduld hatte ich nicht. Ich nahm mir das Handy erneut und blätterte durch das Adressbuch. Ich nahm mir vor, mal ein wenig herumzutelefonieren. Wer wusste schon, was sonst noch im Argen lag ... Eine gute Stunde später legte ich das Telefon weg und lehnte mich auf dem Sofa zurück. Bei einem halben Dutzend Veranstalter und anderen Geschäftspartnern konnte ich mich nicht mehr blicken lassen, weil sich Hajo dort als Märchenonkel entpuppt hatte. Einer von ihnen spielte offenbar gerade mit dem Gedanken, mich deswegen anzuzeigen. Und ich hatte nicht mal eine vage Idee, wie das passieren konnte. Gerade nach meinen Erfahrungen lange vor dem »Supertalent« mit dem deutschen Finanzamt war ich immer extrem pingelig darauf bedacht gewesen, dass alles pünktlich und bis auf den letzten Pfennig bezahlt wurde. Wie konnte ich schließlich von jemandem erwarten, dass er mich bezahlte, wenn ich selbst nicht mindestens den gleichen Anspruch an mich selbst hatte?

Ich rief Michaela bei der Arbeit an und erzählte ihr, was ich soeben erfahren hatte. Keine zwei Stunden später saß ich im Flieger und noch einige Stunden später saß sie neben mir und blickte mich mürrisch an. In ihrem Blick lag kein wirklicher Vorwurf, aber sie hatte mir mehr als einmal deutlich zu verstehen gegeben, was sie von Hajo hielt. Und war natürlich nach unserer gemeinsamen Entschuldigungs-Ochsentour davon ausgegangen, dass dieses Thema nun erledigt sei. Wir waren all meine Auftritte und Abrechnungen der letzten Monate durchgegangen und uns war aufgefallen, dass es nirgendwo Probleme gab. Sah man von den Rechnungen ab, die Hajo bezahlt hatte. Mit dem Geld, das ich ihm gegeben hatte. Und das aus irgendwelchen Gründen nie sein Ziel erreicht hatte. Ich hätte mir in den Arsch beißen können in diesem Moment. Und am meisten ärgerte ich mich über mich selbst. Dass ich die Warnungen verschiedener Leute, auch die von Michaela, ignoriert hatte, war mir egal. Darauf nicht zu hören, war meine Entscheidung gewesen, da ich ja einen guten Eindruck von Hajo gehabt hatte. Dass ich aber von Hajo nie eine Quittung gefordert, sondern mich blind auf ihn verlassen hatte, ärgerte mich nicht nur, vielmehr kam ich mir wie der dümmste und naivste Mensch des Universums vor.

Und auch wenn Michaela es nicht aussprach, in diesem Moment war sie ganz sicher der gleichen Meinung. Die Arena in Oberhausen konnte ich also vorläufig vergessen. Und um die Rechnungen möglichst schnell zahlen zu können, tingelte ich von einem Auftritt zum nächsten. Ich ließ kein Dorffest und keine Geburtstagsparty aus. Ich machte meine Shows, kassierte die Gagen und gab sie gleich weiter. Und nach und nach gelang es mir, alle Rechnungen zu begleichen und mich für die Probleme zu entschuldigen, die »ich« verursacht hatte. Mit Hajo habe ich seither übrigens keinen Kontakt mehr. Ich habe aber wohl erfahren, dass ich nicht der Einzige bin, bei dem es zu gewissen Ungereimtheiten gekommen ist. Und ich auch nicht der Einzige bin, der einen gewissen Groll gegen ihn hegt. Aktuell sieht es also so aus, dass jeder, der ihn als Manager haben möchte, sich anstrengen muss, ihn zu finden. Sieht er eine unbekannte Nummer auf dem Telefon, geht er aus Furcht, jemand hat gegen ihn was in der Hand, nicht ran. Seine Firma hat mittlerweile einen Namenswechsel vollzogen und seine Lebensgefährtin aus einem Land östlicher Windrichtung ist Firmeninhaberin.

Seit dieser Zeit arbeite ich wieder so, wie ich es vorher auch getan habe: organisatorisch verbesserungswürdig, aber erfolgreich. Mit Mamisch Media & Therapy Services habe ich eine vernünftige Vertretung gefunden, die mich bei Anfragen beauftragt. Wer Pharo möchte, muss mit Martin Bolze oder mit Mamisch Media sprechen – und mit sonst niemandem. Ach ja, wenn ich etwas bezahle, möchte ich eine Quittung. Und Verträge nur schriftlich. Auch ich lerne dazu.

Die Pharos

Seit ich mit Michaela gemeinsam durchs Leben gehe, hat sich mein Leben in jeder Beziehung verändert, verbessert. Beruflich ging es mir auch vorher nicht schlecht, gerade die Zeit nach »Das Supertalent« sorgte bei mir ja für eine wahre Renaissance, aber seit wir zusammen sind, erlebe ich auch in beruflicher Hinsicht Dinge, die ich mir vorher gar nicht hätte vorstellen können. Woran dies genau liegt, kann ich gar nicht sagen. Ob sie mir das fehlende Quäntchen Selbstbewusstsein gibt, das mich Dinge angehen lässt, die ich vorher für zu gewaltig gehalten hätte, oder ob es einfach an ihrer Art liegt, Menschen für sich und auch für mich einzunehmen, ich weiß es nicht.

Das Angebot, in der Oberhausener Arena aufzutreten und dort eine Art Massenhypnose an mehreren Tausend Menschen gleichzeitig durchzuführen, hätte ich in den Jahren vor Michaela zumindest definitiv abgelehnt. So viele Menschen würden doch im Leben nicht zu mir kommen. Tausende? In gar keinem Fall. Ich hätte mich für größenwahnsinnig gehalten, auch nur daran zu denken, eine Arena dieser Größe auch nur annähernd mit Menschen zu füllen. Aber Michaela riet mir nicht nur, dieses Angebot anzunehmen, sie drängte mich regelrecht, und das auf ihre typische Art: »Die bieten dir die Arena an und du willst nicht hingehen? Hast du sie noch alle?« Ich nahm also das Angebot an. Und wir planten zwei Shows, eine vormittags, in der es um das Thema Rauchentwöhnung ging, und eine am Nachmittag, in der ich mich mit der Gewichtsreduktion beschäftigte.

Tatsächlich stand ich bereits einige Wochen später vor siebentausend Menschen, die sich Eintrittskarten gekauft hatten, um mich zu sehen und sich vielleicht ein wenig von mir bei ihren Problemen helfen zu lassen. Auf der Bühne muss man ja immer etwas professionell wirken, deswegen gibt es kein Bild von diesem Tag, auf dem ich mit offenem Mund und Tränen der Rührung in den Augen vor all diesen Menschen stehe. Auch wenn mir danach zumute gewesen wäre. Mir war einfach nicht klar gewesen, wie viele Menschen mich kannten und wie sehr sie sich von mir und der Hypnose Unterstützung erhofften. Selbst bei YouTube erreichen Ausschnitte von meinem Auftritt dort Zehntausende Klicks. Und das alles verdanke ich Michaela. Sie half mir, zu verstehen, dass Martin aus Peckelsheim auf der Bühne nichts zu suchen hat und bitte draußen warten soll, während Pharo seiner Arbeit nachgeht. Und dafür werde ich ihr immer dankbar sein. Durch Michaela lerne ich bis heute immer wieder Menschen kennen, denen sie von uns erzählt und die sich dann für das Thema begeistern lassen und schließlich mich ansprechen, ob ich ihnen nicht bei ihren größeren und kleineren Problemen helfen oder ganz simpel auf einer Veranstaltung auftreten kann.

Ich weiß nicht, wie sie das macht. Inzwischen ist Michaela nicht nur privat ein fester Bestandteil meines Lebens, sondern auch beruflich. Auf Gran Canaria, wo wir leben, und auch auf den anderen Kanarischen Inseln sind wir inzwischen als »Die Pharos« sehr bekannt. Zumindest so bekannt, dass wir mittlerweile nicht mehr unerkannt am Strand spazieren gehen können. Die Begegnung mit Menschen, die uns erkennen, freut uns natürlich immer. Auch wenn sie manchmal in »Arbeit« ausartet, ich also gebeten werde, mal eben im Vorbeigehen jemanden zu hypnotisieren oder gar zu »heilen«.

Wie mein eigener Künstlername, so entspringt auch der Name »Die Pharos« dem Zufall. Michaela und ich gingen am Strand von Maspalomas auf Gran Canaria spazieren, als uns eine ältere Dame ansprach: »Entschuldigung, Sie sind doch die Pharos, die so viel durch Hypnose erreichen. Das kann kein Zufall sein, dass ich Sie hier treffe. Sie können mich bestimmt heilen!« Zum Thema Heilen erkläre ich später noch mehr. Die Frau erzählte, dass sie fünfundsiebzig Jahre alt sei und schon seit über zwanzig Jahren unter starken Schmerzen in der Schulter und im Nacken litt. Natürlich war sie schon beim Arzt gewesen, aber der habe ihr nur gesagt, dass es ganz natürlich sei, im Alter etwas zu »verkalken«, und sie sich mit den Schmerzen abfinden müsse. Ich wollte eigentlich schon weitergehen, immerhin genossen Michaela und ich unsere seltene Freizeit. Und abgesehen davon: Wenn ihr ein Arzt nicht helfen konnte, dann ich sicher erst recht nicht. Aber Michaela stieß mich in die Seite und warf mir einen Blick zu, der mir unmissverständlich klarmachte, dass es keine Option war, die ältere Dame dort einfach stehen zu lassen. Wir luden sie auf einen Kaffee ein und ich bat sie, ihre Augen zu schließen. »Sie wollen mich hypnotisieren, jetzt und hier?«, war ihre erstaunte Frage, schließlich saßen wir in einem Straßencafé, gleich neben einem All-you-can-eat-Chinesen. Nicht unbedingt der Ort, den sie sich für eine Hypnose-Sitzung vorgestellt hatte, nehme ich an. »Nicht, dass ich jetzt hier einschlafe und nicht mehr wach werde!«

Ich bat sie, einfach zu tun, was ich sagte. Sich nicht zu sehr auf das zu konzentrieren, was ich sagte, sondern die Worte mehr in sich hineinfließen zu lassen. Sie solle sich um nichts anderes Gedanken machen, um sich nicht zu sehr selbst abzulenken. Die Frau tat, was ich sagte, und ich suggerierte ihr, dass sich ihre Schmerzen nun verabschiedeten. Aus ihrem Nacken, aus ihrer Schulter und zwischen ihren Schulterblättern. Die Schmerzen würden gehen und stattdessen würde sie nur noch die Wärme der Sonne auf ihrer Haut spüren. Nach zehn Minuten bat ich die Frau, ihre Augen wieder zu öffnen, allerdings nur, wenn sie tatsächlich keine Schmerzen mehr verspürte. Und die Frau öffnete die Augen. Ihre Schmerzen waren verschwunden. Ihr standen die Tränen in den Augen, als sie das erste Mal seit zwanzig Jahren ohne Schmerzen war. Ich muss zugeben, dass es auch für mich ein sehr schönes und erhebendes Gefühl war. Dass so etwas funktioniert, ist aber nicht die Regel, um das einmal klarzustellen und um den Eindruck zu vermeiden, ich könne jemanden mit Hypnose heilen. Die Ursachen ihrer Schmerzen, welche auch immer diese gewesen sein mochten, waren natürlich noch immer vorhanden. Hypnose bewirkte in diesem Fall nur, dass die Frau sich entkrampfte, sich nicht weiter auf ihren Schmerz konzentrierte und einfach in ihren Körper hineinhorchte. Was war tatsächlicher Schmerz mit medizinischer Ursache, was war Schmerz, den man wahrnahm, weil man es gewohnt war, Schmerzen zu haben?

Hypnose hat noch nie jemanden im medizinischen Sinn geheilt. Ich habe schon immer gesagt und sage es auch heute noch: Wenn du krank bist, geh zum Arzt, nicht zum Hypnotiseur! Genauso verhält es sich übrigens auch bei jeder Art von Süchten. Wenn mich Leute fragen, ob ich machen könnte, dass sie nicht mehr rauchen oder trinken, frage ich immer, wie ich das bitte machen soll? Ich bin nicht derjenige, der raucht und trinkt, wie also kann ich dafür sorgen, dass jemand anderes damit aufhört?

Das ist natürlich überspitzt formuliert, aber es lenkt die Gedanken auf das Kernproblem. Ich kann jemandem helfen, die Finger von gewissen Dingen zu lassen, Voraussetzung ist aber natürlich, dass derjenige das auch wirklich will. Ich kann keinen glücklichen, überzeugten Raucher mit einem Fingerschnippen zum Nichtraucher machen. Jedenfalls nicht auf Dauer. Und aus solchen Gründen lehne ich solche Zwischendurch-Hypnosen auch ab, zumindest wenn es um jemanden geht, der tatsächlich ernsthafte Probleme hat.

Aber dank Michaela hat die ältere Dame keine Schmerzen mehr, sei es auch nur für ein paar Stunden, Tage oder Wochen. Oder für den Rest ihres Lebens, wer weiß. Ich habe sie danach nie wiedergesehen. Aber um den Eindruck zu vermeiden, bei den Pharos handele es sich um Pharo und sein Anhängsel, möchte ich deutlich sagen, dass auch Michaela ihren eigenen beruflichen Weg geht. Während ich mich weiterhin mit der Hypnose beschäftige, hat sie inzwischen ihre eigene Kosmetiklinie entwickelt. Von den Kanarischen Inseln aus, wo ihre Produkte in ausgewählten Shops vertrieben werden, startet sie ordentlich durch mit ihrem Label »La Caricia de Pharos«, das sich mit Anti-Age-Seren und Hautcremes bereits einen Namen gemacht hat. Und wenn wieder einmal in Zeitschriften über Michaelas Unternehmen berichtet wird, fällt auch mein Name kein einziges Mal. Sie ist selbstständig, beruflich und privat, auch wenn wir in der Öffentlichkeit oft und gern als Paar in Erscheinung treten, wie zuletzt 2013 in der Sat1-Reihe »Das Promi-Hypnose-Camp« auf Mallorca.

Das Pharo-Dorf

Im Nordwesten Niedersachsens gibt es den Landkreis Ammerland. Dort existiert das Städtchen Westerstede, welches wiederum einen kleinen Ortsteil hat, der sich Torsholt nennt. Torsholt ist eine sympathische kleine Gemeinde mit noch nicht einmal siebenhundert Einwohnern. Was dieses Dorf aber so besonders für mich macht, ist die Tatsache, dass ich im Laufe meines Lebens dort schon beinahe zweihundertmal aufgetreten bin. Der Kontakt zur Besitzerin eines kleinen Gasthofs dort entstand eher zufällig. Man habe dort einen großen Saal und wenn ich Interesse hätte, könnte ich doch dort auch einmal auftreten. Zu der Zeit, in der diese Anfrage kam, konnte ich mich nicht unbedingt vor Angeboten retten, also sagte ich zu, auch wenn ich von diesem Ort noch nie etwas gehört hatte. Ich rechnete auch nicht damit, dass besonders viele Leute im Publikum sitzen würden, denn gerade in ländlicheren Gegenden, so mein damaliges Vorurteil, stand man neuen und unbekannten Dingen – und dazu gehörte in den neunziger Jahren Hypnose absolut – eher skeptisch bis ablehnend gegenüber. Ich fuhr stundenlang mit dem Auto über Wald und Wiesen, bis ich schließlich Torsholt erreichte. Und der Flecken war tatsächlich so, wie ich ihn mir vorgestellt hatte: ein kleines, idyllisches Dörfchen irgendwo im beinahe äußersten Zipfel Deutschlands.

Empfangen wurde ich von der Besitzerin des Gasthofs. Sie war aufrichtig erfreut, mich zu sehen, und war mindestens genauso gespannt auf die Show am Abend wie das Publikum, wie sie sagte. Ich bezog ein Zimmer im ersten Stock und wartete zunächst einmal ab. Mein Auftritt sollte in gut drei Stunden erfolgen, also hatte ich noch genügend Zeit, um mir die Gegend ein wenig genauer anzusehen. Ich verließ das Gasthaus und bemerkte, dass sich bereits einige Leute am Eingang versammelt hatten. Als sie mich entdeckten, kamen einige von ihnen gleich auf mich zu und teilten mir ebenfalls mit, wie sehr sie sich schon darauf freuten, mich auf der Bühne zu sehen. Von Skepsis oder gar Ablehnung überhaupt keine Spur. Ich unterhielt mich mit den Menschen und begann nun ebenfalls, mich auf den Auftritt zu freuen. Das tue ich natürlich immer, aber an diesem Abend war es vielleicht ein wenig mehr als sonst.

Als ich auf die Bühne ging, traute ich meinen Augen nicht. Der Saal, der tatsächlich ziemlich groß war, war bis auf den letzten Platz besetzt. Die Besitzerin des Gasthofs musste das gesamte Dorf zusammengetrommelt haben, jedenfalls blickte ich in ein Meer aus neugierigen und fröhlichen Gesichtern. Ich war völlig verblüfft und begeistert. Ich begann mit meiner ersten Show, der noch viele weitere folgen sollten. Je öfter ich in Torsholt war, desto wohler und desto mehr zu Hause fühlte ich mich dort. Und desto besser lernte ich die Leute dort kennen und sie mich natürlich auch. Und das Vertrauen wuchs. War ich zuerst natürlich mit der klassischen Show-Hypnose, inklusive Freiwillige umfallen zu lassen, aufgetreten, wandten sich immer mehr Menschen mit ihren Problemen an mich.

Eine der Kellnerinnen, die dort arbeitete, litt an starker Neurodermitis, was natürlich eine völlig normale Erkrankung der Haut ist. Trotzdem war es ihr unglaublich peinlich und sie litt sehr darunter. Nach einer Show sprach sie mich an und fragte, ob Hypnose möglicherweise ein Weg sei, sie davon zu befreien, denn die Schulmedizin half ihr überhaupt nicht weiter, wie sie sagte. Ich hatte, ehrlich gesagt, keine Ahnung, ob ich ihr helfen konnte. Aber da bei dieser Erkrankung viele Faktoren als Ursache eine Rolle spielen können, bat ich sie, mir ein wenig von sich zu erzählen. Wir unterhielten uns über eine Stunde lang und die junge Frau sagte mir, dass sie unter einer ganzen Menge Probleme zu leiden hätte. Unter anderem hätte sie zu diesem Zeitpunkt eine Menge Ärger mit verschiedenen Behörden, weil ihre Mutter gerade in ein Pflegeheim gekommen war.

Außerdem ginge es ihr finanziell nicht besonders gut, sodass sie ihr Haus, welches sie vor einigen Monaten erst gekauft hatte, wieder verkaufen müsste. Ich war und bin kein Arzt, deswegen konnte ich nicht sagen, ob dieser ganze Stress, unter dem sie zu leiden hatte, tatsächlich die Ursache für ihre Erkrankung war, allerdings stand für mich ganz außer Frage, dass ihre Seele einen ordentlichen Schlag abbekommen hatte von all dem, mit dem sie gerade zu kämpfen hatte. Und dass dieser Druck sich auch in irgendeiner körperlichen Form niedergeschlagen hatte, war für mich auch keine Überraschung. Ich ging mit der Kellnerin in ein Nebenzimmer und sagte ihr, dass ich nichts versprechen könnte, es aber gerne versuchen würde. Ich versetzte sie in Trance und gab ihr lediglich ein, dass sie sich von ihrer Neurodermitis verabschieden könne. Dass sie genug gelitten habe und sich von nun an einen anderen, positiven Weg suchen werde, um mit all ihrem Kummer fertig zu werden. Dass ihre Haut unter den Qualen der Seele mitleide, würde nicht mehr vorkommen. Die Krankheit verschwinde nun aus ihrem Leben. Mehr habe ich nicht getan und ich war mir selbst nicht sicher, ob es wirklich funktionieren würde.

Bei meinem nächsten Auftritt in Torsholt einige Wochen später lief sie mir gleich mit ausgestreckten Armen und lachend entgegen: Die Haut war makellos. Von Neurodermitis keine Spur mehr. Ich freute mich natürlich riesig für sie. Und es hatte sich bereits im Dorf herumgesprochen, dass ich die junge Frau geheilt hatte. Das war natürlich Quatsch. Ich heile niemanden. Ich mache Hypnose. Und die klappt bei manchen, bei manchen klappt sie nicht. Mit den Jahren war ich immer wieder in Torsholt zu Gast und weil ich dort so eine treue Fangemeinde hatte, sagte ich sogar die ein oder andere Veranstaltung ab, die womöglich lukrativer gewesen wäre. Aber ich finde, wenn einen Menschen so gut behandeln, sollte und muss man ihnen auch etwas zurückgeben. Ich werde nie vergessen, wie ich vor einigen Jahren dort empfangen wurde, als ich auf dem Weg zu einem weiteren Auftritt das Ortsschild passierte. Der Name Torsholt war durchgestrichen worden und stattdessen hatte man Pharo-Dorf darübergeschrieben. Es gibt nicht viel in meinem Leben, was mich stolzer und dankbarer gemacht hat. Der Gasthof gehörte viele Jahre fest zu meinem Leben und er fand sogar in der Dokumentation des WDR über mich Erwähnung, da dort meine treuesten Fans saßen und ich bis zum Schluss immer sehr gern dort aufgetreten bin.

Das Promi-Hypnose-Camp

Ich hatte schon länger mit dem Gedanken gespielt, Hypnose noch bekannter zu machen, als sie ohnehin inzwischen war. Suggestion in einem Boulevard-Format zu präsentieren, schien mir da die geeignetste Möglichkeit, da man auf diese Weise eine möglichst breite Bevölkerungsschicht erreicht. Aus wissenschaftlicher Sicht war Hypnose ja immer wieder betrachtet worden, aber in einem wirklich unterhaltsamen Fernsehformat aufbereitet, wurde sie bisher noch nicht. Und wenn Formate wie »Big Brother« oder die »Mentalisten-Show« funktionierten, dann konnte die Idee doch nicht ganz falsch sein.

Ich besprach sie zuerst mit Michaela, denn meine Idee ging über das bekannte »Pharo hypnotisiert« hinaus, vielmehr wollte ich Michaela und mich gemeinsam als »Die Pharos« in dem Format unterbringen. Michaela war überhaupt nicht begeistert, und zwar weniger von der Idee an sich, als vielmehr von der Tatsache, dass ich sie im Fernsehen auftreten lassen wollte. Aber nach langen Gesprächen habe ich sie schließlich davon überzeugen können, dass sie ihre Sache in jedem Fall großartig machen würde. Nun stand die Frage im Raum, wer die Sendung produzieren würde. Meiner Erfahrung nach gab es nicht sehr viele Produzenten im deutschen Fernsehen, die sich wirklich an neue Sachen heranwagten. Aber ich wollte es zumindest versucht haben. Ich nahm das Telefon und klapperte all meine Kontakte ab, erntete jedoch überall nur Kopfschütteln. Meine Idee, normale Menschen in einer regelmäßigen Sendung von ihren Phobien zu heilen oder ihnen einfach ein bisschen mehr Selbstbewusstsein zu geben, fand wenig Anklang. Nun ja, gar keinen, ehrlich gesagt. Meine letzte Hoffnung, doch noch jemanden zu finden, der diese Sendung produzieren wollte, saß in Berlin.

Michaela und ich verabredeten uns mit meinem Lieblingsproduzenten Andreas Gerlach, der auch für das Sat1 Frühstücksfernsehen verantwortlich zeichnete und sich in der Vergangenheit immer abenteuerlustig gezeigt hatte. Gemeinsam mit dem Redaktionsleiter Matthias Grau wollte er sich unsere Idee anhören. Wir trafen uns in der Kantine und ohne mich besonders vorbereitet zu haben, plauderte ich einfach drauflos. Ich wollte eine regelmäßige Serie, die in einer Finca auf Mallorca oder Gran Canaria gedreht werden sollte. Dort im sonnigen Inselklima wollte ich die Normalbürger nicht nur von der Hypnose überzeugen, sondern ihnen auch ganz konkret bei ihren Problemen helfen. Ich stellte mir das sehr spannend und unterhaltsam vor und es würde mich doch sehr wundern, wenn ich damit allein wäre.

Andreas und Matthias schwiegen einige Sekunden lang, dann sagte Matthias: »Da müssen wir noch einmal überlegen.«

Ich fühlte sofort die Enttäuschung, die sich in mir breitmachte. Aber Matthias fuhr fort: »Für mich klingt das nach 'ner Wochenserie im Frühstücksfernsehen. Feil da noch mal ein bisschen dran, dann sehe ich da eine echt schöne Story.«

Ich ballte die Faust unter der Tischplatte vor Freude. Jemand hatte ernsthaftes Interesse an meiner Idee. Zwar würde das Format »nur« als Miniserie im Frühstücksfernsehen laufen, wenn alles glatt ging, aber das war besser, als wieder eine Abfuhr zu erhalten. Andreas sah den Glanz in meinen Augen anscheinend, denn er lächelte und zwinkerte mir zu. Auch Matthias lächelte und sagte: »Wird schon werden.«

Und tatsächlich, keine drei Wochen später erhielt ich den Anruf der Produktion, dass man mein Hypnose-Camp als Miniserie nun produzieren wolle.

Gezeigt werden sollten die einzelnen Folgen mittwochs über einen Zeitraum von fünf Wochen. Und danach würde man sehen. Immerhin musste man ja die Einschaltquote abwarten. Ich war begeistert. Die einzige Sache, die man gern geändert hätte, war, dass man Prominente wollte, die sich von mir hypnotisieren lassen. Und da man auf Anhieb keine Kandidaten hatte und sich auch aus Zeitgründen nicht um welche kümmern konnte, bat man mich, Freiwillige zu besorgen. »Kein Problem«, sagte ich nur und war noch immer völlig begeistert davon, dass mein Hypnose-Camp Realität werden würde, auch wenn es nun ein Promi-Hypnose-Camp geworden war.

Der erste Promi, der mir in den Sinn kam, war natürlich mein alter Freund Jürgen Drews. Ich versuchte es bei ihm auf dem Handy, aber leider war er nicht zu erreichen. Auch zu Hause nahm keiner ab. Ich wählte die Nummer seines damaligen Managers und fragte, ob Jürgen sich die Teilnahme vorstellen könnte. Die Antwort war die erhoffte: »Das wird bei Jürgen zeitlich sehr eng. Aber für dich macht er mit.«

Perfekt, den ersten Teilnehmer hatte ich also. Als Nächste fragte ich die spätere Dschungelkönigin Melanie Müller, ob sie sich vorstellen könnte, sich von mir hypnotisieren zu lassen. Interesse hatte sie prinzipiell schon, war aber gerade mitten in Dreharbeiten für RTL. Ich war natürlich enttäuscht. Dass ich sie

Jahre später noch von ihrer Spinnenphobie befreien und sie auf das Promi-Boxen vorbereiten würde, wusste ich ja noch nicht …

Ich telefonierte weiter wie ein Weltmeister und konnte schließlich eine ganze Menge Gäste gewinnen: Carmen Geiss, Costa Cordalis, Frank Chagall, Torgen »am Morgen« Schneider und noch einige andere sagten begeistert zu.

Ich fragte auch bei einer ehemaligen Teilnehmerin von »Germany's Next Topmodel« an, ob sie nicht Interesse hätte. Ihre Managerin gab mir zu verstehen, dass die Dame natürlich nicht alles mitmache und man erst überprüfen wolle, wie seriös diese neue Show denn tatsächlich sei. Ich erklärte ihr, dass ich Hypnose bereits seit einigen Jahrzehnten betreiben würde, und das auch noch völlig seriös. Und dass es in der Sendung in gar keinem Fall darum ging, jemanden vorzuführen. Trotzdem wollte man es sich zunächst überlegen, was ich natürlich auch völlig in Ordnung fand. Kurze Zeit später meldete sich die Managerin wieder bei mir und sagte die Teilnahme zu. »Das macht dann im Voraus achthundert Euro für mich, achthundert Euro für die Visagistin und natürlich dreitausend Euro für Frau L.«

Ich war baff. Natürlich wurden den Teilnehmern Gagen gezahlt, aber erstens war das eine Sache, die mit der Produktion verhandelt wurde, zweitens ärgerte mich der Tonfall der Managerin.

»Wenn die Visagistin achthundert Euro pro Auftritt bekommt, wundert es mich, dass man davon nichts sieht«, sagte ich und legte auf.

Ja, ich weiß. Zickig. Sehr. Aber mich ärgern Menschen, die erst einmal nach Geld rufen, bevor sie überhaupt wissen, was man von ihnen will.

Meine Promis hatte ich also parat.

Sat1 mietete eine wunderschöne Finca auf Mallorca und die Dreharbeiten begannen. Michaela machte als witzige und warmherzige Gastgeberin eine tolle Figur, während ich mich um die Hypnose kümmerte.

Und alles funktionierte ganz wunderbar. Frank Chagall warf nach der Trance seine Zigaretten weg, Costa Cordalis war nach dreißig Minuten intensiver Hypnose wieder schmerzfrei und auch den anderen Teilnehmern konnte ich wunderbar bei ihren Problemen helfen.

Für Sat1 und vor allem für mich war das Promi-Hypnose-Camp ein voller Erfolg. Über die gesamte Zeit von fünf Wochen waren die Einschaltquoten super. Auf eine Fortsetzung muss man also vielleicht gar nicht lange warten.

Mein neues Leben – besser spät als nie

Wenn ich so über die letzten Jahrzehnte nachdenke, muss ich sagen, dass sich mein Leben extrem verändert und verbessert hat. Sowohl privat als auch beruflich geht es mir besser als je zuvor, auch wenn ich erst über fünfzig Jahre alt werden musste, bis es sich dorthin entwickelte. Aber ich gehöre nicht zu den Menschen, die herumjammern, dass es ihnen im Leben schlecht ergangen sei. Das wäre in meinem Fall auch deutlich übertrieben. Ich hatte natürlich Zeiten, in denen ich mich von Gott und der Welt verlassen gefühlt habe, aber ich habe mich nun einmal dazu entschieden, mit einem eher ungewöhnlichen Beruf mein Glück zu versuchen. Und wenn man das tut, dann muss man auch mit Rückschlägen rechnen. Ich wurde im Laufe der Jahre immer wieder für dumm verkauft, nicht nur um Geld betrogen, von sogenannten Gönnern und Managern hinters Licht geführt und natürlich immer wieder von Neidern oder anderen eher missgünstigen Menschen verklagt. Dazu muss ich aber zu meiner Schande sagen, dass ich es den Leuten oft auch nicht sonderlich schwer gemacht habe, mich zu hintergehen. Vertrauen gegen Vertrauen ist eben nicht immer angebracht. Aber wer hat solche oder ähnliche Erfahrungen nicht schon machen müssen?

Deswegen erwähne ich diese Leute hier auch gar nicht. Aber so schmerzlich diese Erfahrungen auch waren, im Nachhinein haben sie mich dorthin gebracht, wo ich heute bin. Ich habe eine wundervolle Lebensgefährtin, lebe mit ihr auf einer der schönsten Inseln der Welt und bin heute, dreißig Jahre nachdem ich versehentlich eine Frau in den Schlaf geschnippt habe, Deutschlands bekanntester und erfolgreichster Hypnotiseur. Was mich daran noch mehr freut als dieser gewisse Grad an Bekanntheit, ist die Möglichkeit, anderen Menschen helfen zu können. Und das noch nicht einmal immer in meiner Funktion als Hypnotiseur.

Im Winter 2014 begleitete mich ein Kamerateam eines Fernsehsenders, damit ich Besucher des Münchner Weihnachtsmarktes in Trance nach ihren wahren Wünschen für Weihnachten befragte. Ein netter Auftritt eigentlich, der sich tatsächlich aber dann doch sehr emotional gestaltete. Ich fragte eine ältere Dame, ob sie etwas gegen eine kleine Hypnose habe, was sie verneinte. Ich fragte sie vor der Trance, was ihre Wünsche für das bevorstehende Weihnachtsfest seien. Und sie antwortete, dass sie ganz bescheiden sei und sich eigentlich nur wünschte, dass es ihrer Tochter und ihrer Enkelin gut gehe. Mehr nicht. Ich versetzte die Dame in Trance und befragte sie erneut nach ihren Wünschen für Weihnachten. »Ich bin jetzt achtundsiebzig Jahre alt und ich habe noch nie das Meer gesehen. Ich möchte nur einmal ans Meer.« Ich schluckte und auch beim Kamerateam herrschte sichtbar Betroffenheit. Geplant war ein netter Beitrag über die wahren Wünsche der Menschen. Und wir hatten eher damit gerechnet, dass sich jemand im wachen Zustand den Weltfrieden wünscht, in Trance jedoch eine Playstation. Dass so etwas Rührendes geschah, hatten wir nicht vorhergesehen, und dem Redakteur war auch schnell klar, dass die ältere Dame keinen Weg in den Beitrag finden würde. Nicht fröhlich genug und schon gar nicht witzig. Er bedankte sich bei der Frau und wies mich an, doch jemand anderen anzusprechen. »Das war's jetzt?«, fragte ich erstaunt. Der Redakteur zuckte mit den Schultern. Offenbar verstand er die Frage nicht. Ich nahm ihn beiseite und sagte ihm, dass er die Frau doch jetzt unmöglich einfach so stehen lassen könne. Und wenn der Sender ihr jetzt nicht wenigstens eine Kurzreise ans Meer bezahlte, dann würde ich sie nach Gran Canaria einladen. Denn dass eine Frau dieses Alters noch nie das Meer gesehen hatte, war für mich unvorstellbar. Schließlich erklärte sich der Redakteur bereit, dem Sender vorzuschlagen, der alten Dame eine Reise ans Meer zu finanzieren. Was einige Tage später auch geschah. Ich bin sehr glücklich darüber, inzwischen hier und da solche Kleinigkeiten bewirken zu können.

Im Laufe der Jahre habe ich viele »Kollegen« kommen und gehen sehen und aktuell gibt es wieder einen Trend, Hypnose und alles, was dazugehört, möglichst lukrativ zu vermarkten. Und wieder sehe ich Leute, die eigentlich keine Ahnung haben von dem, was sie tun, und stattdessen zahlende Kunden mit Heilsversprechen und Astralreisen in ihre Räume locken, um ihnen möglichst viel Geld aus der Tasche zu ziehen. Ich bin nicht wütend auf diese Leute, mir tun nur die Menschen leid, die ihnen auf den Leim gehen. Aber auch das wird wieder vorbeigehen. Und ich werde dann, wie in den letzten dreißig Jahren auch, noch da sein.

Ende

Pharo – Martin Bolze:
Rendezvouz mit meinem Ich

Die ungekürzte Autorenlesung von Pharo – Martin Bolze

Martin Bolze – alias Pharo – erzählt in diesem Hörbuch über seine 35 jährigen Erfahrungen als Hypnotiseur. Er zieht ein kritisches Résumé und gibt dem Zuhörer tiefe Einblicke in seine Gedankenwelt und Leben. Seine Erlebnisse in dem Showgeschäft werden ebenso beschrieben, wie seine kritische Selbsteinschätzung in seinem Umgang mit den Medien.

ISBN: 978-3-939994-66-4
Format: Audio CDs

nur 14,99 €

Weiter Details zum Hörbuch finden Sie auf www.eyfalia.de